职场写作指南

郝立新　编著

上海文化出版社

序

应用文写作是职场人士必须具备的一项基本功。应用文种类很多，常见的也不少，职场人士应该掌握哪些应用文种？

本书是针对职场写作实际需要而编写的指南，包括事务文书、财经文书、商贸文书、公关文书等，精心挑选了三十六个常见的实用文种，逐一介绍其含义、种类、特点、作用和写法，并且附有例文。除了三十六个重点介绍的文种以外，本书还简要介绍了其他一些文种，附在重点介绍的文种例文前面，这样既增加了文种，又节省了篇幅。

本书在编写和出版过程中得到了王敏先生、蒋逸征女士的大力支持和帮助，本人在此特向他们表示衷心的感谢！

由于本人水平有限，加上时间仓促，因此书中错误和不妥之处在所难免，本人欢迎读者批评、指正。

编者

2019年3月

目　录

第三章　商贸文书

第四章　公关文书

204　参考文献

第一章　事务文书

第一节　简报

一、简报的含义

简报，是指党政机关、企事业单位、社会团体为汇报工作、沟通信息、交流经验、反映问题而编写的简明文书，是对工作情况的简要报道。也叫动态、简讯、情况反映、内部参考等。

简报是对工作情况的简明反映。如实、客观、具体、简要地反映情况是对简报的基本要求。它可以只反映具有指导意义或者参考价值的重要情况的片段或局部，可以不加任何评论，可以不直接表明作者的观点和看法。

简报是对工作情况的简要报道。简报是流通于组织内部的消息。它不像党政公文那样具有法定效力和行政约束力。上级下发的简报没有指令性，下级上报的简报不要求批复，平级交换的简报不互相制约。

二、简报的种类

按照内容性质，简报可以分为工作简报、动态简报和会议简报。

（一）工作简报

工作简报，是指反映工作情况的简报。包括反映日常工作情况和问题、经验和教训，反映某项中心工作情况，报道某项专门工作等。工作简报着眼于推动系统内部的业务工作,也用来向上级机关汇报工作情况和问题,供上级研究参考。工作简报应用范围很广泛,适用于各国家机关、政党、企事业单位、社会团体。

(二) 动态简报

动态简报,是指反映思想动态的简报。包括各个阶层人们对国内外形势变化的认识,对党和国家的方针、政策和重大措施的公布、实施的思想反映,对日常生活各种问题的看法等。动态简报以其客观、准确的事实材料,为有关部门研究问题和决定方针、政策以及制定具体措施提供依据,具有较高的参考价值,保密性也较强。这类简报一般只报送上级有关领导。领导据此掌握情况,采取措施,解决重大的认识问题和实际问题,保证党和国家的方针、政策的贯彻、落实。

(三) 会议简报

会议简报,是指反映会议情况的简报。包括反映会议召开情况,报道会议主要精神和与会人员的意见或建议等。一般由大会秘书处或主持单位编写。会议简报按照性质和特点可以分为连续性简报和综合性简报两种。

1. 连续性简报

也称会议进程简报,是随着会议进展而编发的简报。内容连续,能比较全面地反映会议各个阶段的情况,包括预备会情况、开幕式情况、大会发言、小组讨论情况、典型发言摘要等。

2. 综合性简报

也称会议纪要式简报,是在会议结束时所写的概括会议情况的简报。为了传达会议精神,可以综合反映会议进展情况,与会人员的发言、意见或建议,会议决定,领导人的讲话等。

按照内容含量,简报可以分为专题简报和综合简报。按照时间特点,简报可以分为定期简报和不定期简报、长期简报和临时简报。

三、简报的特点

简报的特点可以概括为: 快, 新, 简, 密。

(一) 快

即时效性强。与新闻报道相似,简报反映现实情况的速度比党政公文都快,有很强的时效性。简报只有迅速、及时地推广具有普遍意义的经验,反映有倾向性的问题,传送有参考价值的信息,才能发挥它应有的作用。重要信息必须在一两天甚至几个小时之内报道出来,让有关部门和领导获悉。如果拖拖拉拉,就会贻误时机,使重要情况失去价值。编写简报要树立强烈的时间观念,快思、快写、快印、快发。

(二) 新

即内容新颖。一是材料新颖,即所反映的是新事物、新问题、新情况、新动态。只有材料新颖,才能引起人们关注,启发人们思考。如果材料人所共知,事过境迁,就没有什么价值。二是观点新颖,即要反映新的认识和见解。对于客观情况的分析、研究,要选择新的角度,挖掘新的内涵,阐发新的见解,总结新的经验。即使材料不够新鲜,也要独辟蹊径,写出新意。

（三）简

即形式简短。这是由简报自身的特点决定的。简报，就要求篇幅简短、语言简练，否则就快不起来，不仅不能及时地写出，而且不能及时地审阅。这就要求迅速地反映情况，把重要的、有价值的情况简洁明了地、直截了当地表达出来；篇幅短小精悍，一般以一千字为宜，最长不要超过两千字。如果内容确实十分重要，可以编成一个简报系列，用统一的主题，分成几期来写。

（四）密

即机密性严。简报不在报纸上公开发表，这是与新闻报道的一个重要区别。简报有严格的阅读范围和阅读对象的限制，尤其是涉及机密的简报，在一定时间内具有保密性质。机密简报常常在报头部分的左上角注明"内部刊物，注意保存"或"机密"等字样，以起到提示的作用。简报的机密程度视内容的具体情况而定。

四、简报的作用

简报具有反映情况、互通信息、指导工作的作用。

（一）反映情况

简报可以迅速地向上级机关汇报情况，反映问题，便于上级了解下情，及时地给予指导。

（二）互通信息

简报能够在各部门之间沟通情况，交流信息，促进相互之间的了解，有利于开展工作。

（三）指导工作

简报还可以向所属部门传达有关指导意见和工作意图,向下级指导工作。

五、简报的写作

结构一般由报头、报体和报尾等部分组成。

(一) 报头

报头部分位于第一页的上方,大约占全页三分之一的篇幅,常常有通栏红线与报体部分隔开,格式相对固定。内容包括六个方面:简报名称、简报期数、编印单位、编印日期、密级、编号。

1. 简报名称

位于报头中心位置,用套红大号字体。例如"××简报""××动态""××信息"。如果内容特殊,需要改变分发范围,可以在简报名称下面加上"增刊"字样。

2. 简报期数

位于简报名称正下方,一般按年分期,按照次序编号。有的在年序号下面再标出出版以来的总序号,写为"总第×期",增刊单独编期。

3. 编印单位

位于期数左下侧。例如"××局党委办公室""××会议秘书处""××公司董事会办公室"。

4. 编印日期

位于期数右下侧,年月日一般要写全。

5. 密级

位于报头左上角,注明"绝密""机密""秘密""内部刊物"等。

6. 编号

位于报头右上角,按照印数编号,以便于保存和查找。

(二) 报体

报体部分是简报的核心,也就是编排文章的部分。大致包括目录、按语和简报稿。

1. 目录

综合性简报或内容较多的简报,为了醒目,常常在报头的下面编排目录。可以按照篇章的内容性质和重要程度编排,也可以按照页码顺序编排,还可以按照固定栏目形式编排。只包括一篇文章的简报,不用编排目录。

2. 按语

按语是针对正文内容为读者写的提示语,是编者加写的。它让读者理解编者的主张和意图,从事关全局的角度,提出值得注意的带有倾向性的意见。转载的文章一般要加写按语。按语位于间隔线的下面、标题的上面,注明"编者按"或"编者的话"。也可以放在文章的后面,称为"编后"。按语的印刷字体与标题和正文都不同。按语两侧要留有余地,各缩进几个字。

按语可以分为三种类型: 评论性按语,说明性按语,注释性按语。

(1) 评论性按语

主要是对文章所反映的问题加上评论,或直接陈述编者的意见,或揭示事件蕴含的意义。

（2）说明性按语

主要是说明文章刊载的目的，或说明文章的参考价值，或向读者交代某些情况，例如传达领导指示，介绍作者情况，对读者、作者提出希望或要求等。

（3）注释性按语

主要是对文章中出现的读者不大熟悉的人物或事物进行简单解释，例如注解有关资料，解释专业术语等。

3. 简报稿

简报稿的结构由标题、正文和署名等部分组成。

（1）标题

要做到确切、简练、醒目。最好是既能概括事件内容，又能表明作者态度。可以采用双标题，即正标题加副标题。一般来说，正标题概括全文的思想意义；副标题交代报道对象及范围，对正标题起补充说明作用。

（2）正文

可以采用消息报道式、文件汇编式或工作研究式的写法。

①消息报道式

简报有机关内部的新闻报刊之称，常采用消息的写法。消息报道式的简报稿的正文包括导语、主体和结尾三个部分。

导语部分，把全文的主要事实和中心思想用一句话或一段话简明扼要地概括出来。可以运用直接叙述式、提出问题式或交代结论式。一般要交代事件发生的时间、地点、人物、原因和结果。

主体部分，运用典型事例或准确数据把导语具体化。要把具体情况说清楚，结构要恰当，层次要分明。主要采用叙述方式，可按时间、空间、逻辑等顺序来写。为了醒目，还可以给每个部分加上小标题。

结尾部分，可以对主要事实作概括性小结；可以对事件或问题进行分析，肯定成绩，指出差距，总结经验，找出教训，指明今后努力的方向；可以提出希望和号召，动员群众为完成任务而努力奋斗。连续性报道还要说明"事情发展情况将陆续报道"或者"问题正在进一步调查研究中"。

②文件汇编式

国家机关、政党、企事业单位、社会团体的日常公务中有大量的文件，但是每人都看到这些文件既不必要也不可能。简报通过将大众应该知道的文件内容摘要编写，或将一些有参考价值的非保密文件编发出来，可以加强单位内部信息的交流，促进工作的开展。文件汇编式的简报稿，正文的前面常常加写按语。

③工作研究式

要针对工作中存在的问题进行分析、研究，提出解决问题的意见和办法，以推动工作的开展。它常常结合工作实际，具有较强的针对性和理论性。一般文字简洁，篇幅较短。

(3) 署名

写上撰稿者或供稿单位，外面加上圆括号。

(三) 报尾

报尾部分位于简报最后一页的下方，是报体横隔线以下的部分。包括发送范围和印发份数两项内容。

1. 发送范围

注明收文者。在横隔线下方，顶格从上往下依次写"报""送""发"。后面从左到右分别写上单位名称，换行时左边对齐，不顶格。"报"的单位是上级部门，"送"的单位是平级或不相隶属部门，"发"的单位是下级部门。

2. 印发份数

注明本期总印数，写在发送单位右下方。有的还注明本期责任编辑。

写完上述两项内容以后，习惯上再加一条横线。

【例文】

"三废"治理工作简报

第×期

××公司"三废"治理办公室　　　　　　　　　20××-×-×

公司大力推进"三废"治理工作

近年来，公司领导高度重视废渣、废水、废气的"三废"治理工作，集中多方力量，大力推进"三废"治理工作。

一、加强领导，提供组织保障

为了充分保障"三废"治理工作的顺利开展，本公司成立了"三废"治理工作领导办公室,由×××总经理任办公室主任,公司环境保护部部长×××任办公室副主任,公司环境保护部、规划部、建设部、财务部、总务部等多个部门负责人为办公室成员,组织、协调和推进"三废"治理工作。

二、编制方案,提供程序保障

本公司于×年×月编制了《"三废"治理工作方案》,并分别征询了公司环境保护部和规划部、建设部、财务部、总务部等职能部门的意见,同时聘请了不同行业的专家、学者进行论证,从不同角度修改完善工作方案,保障"三废"治理工作的有序开展。

三、推进改革,提供体制保障

×年×月,本公司成立了集环保、水务、绿化于一体的公司环境保护部,并把"三废"治理工作划归其管理,建立"三废"治理责任制,有效地解决了环境保护部门之间的配合问题,为"三废"治理提供了体制保障。

四、加强宣传,创造治理环境

公司利用网站、微博、微信、广播、报纸、电子屏幕等各种媒体以及宣讲、文艺演出等形式进行宣传,创造"三废"治理环境,引起员工对"三废"治理工作的重视。

五、完善制度,实施有效管理

本公司通过选取基础较好的"三废"治理部门开展定额管理工作,编制"三废"治理考核计划,指导企业科学合理地进行"三废"治理,提高"三废"治理效率。积极推进产品结构调整,禁止引进并逐步淘汰高污染、高耗能的项目，有效抑制了环境污染和环境破坏。

六、实行奖惩，增强治理效果

　　公司制定了"三废"治理奖惩办法，组织员工学习，并且执行实施。公司对在"三废"治理中作出突出贡献的部门和个人进行奖励，对违反"三废"治理规定的部门和个人进行追责和惩处。

（××公司《××简报》）

报：××、×××、××××、××××××

送：××、××、××、×××、×××、××××、××××

发：××、××、××、×××、××××、×××、××××××

共印××份　　　　　　　　　　　　　　　　　　责编：×××

第二节　调查报告

一、调查报告的含义

调查报告,是指根据特定的调查目的,在深入细致地对客观事物和社会问题进行了调查研究之后,写成的揭示事物本质和规律的文书。

考察报告、调查、调查记、调查汇报、调查综述、情况调查、信访调查等,都属于调查报告的范畴。

调查报告的形成可以分为调查和报告两个主要环节或阶段。调查包括对事实材料的了解、考察、收集、鉴别以及对事实材料的分析、研究与归纳、概括。报告是把调查、研究得到的典型材料和从中归纳、概括出来的观点、经验、教训或问题写成文章。

二、调查报告的种类

按照内容性质,调查报告可以分为经验调查报告、问题调查报告和情况调查报告。

(一) 经验调查报告

主要介绍具有普遍指导意义的典型经验,为有关部门提供具体的经验、做法,以推动工作的全面开展。

(二) 问题调查报告

主要揭露实际工作中的缺点、失误,违背党的方针、政策和违反党纪国法的行为,以及社会生活中的不良现象和倾向。目的是通过大量的事实,总结教训,揭示问题产生的根源,提出相应的解决方案,以引起有关部门的重视和全社会的关注。

(三)情况调查报告

包括反映工作情况的调查报告和反映新生事物的调查报告。反映工作情况的调查报告,是针对某项工作的现状或群众普遍关心的热点问题、关系国计民生的重大问题进行深入调查和分析、研究之后提出的建议,为领导机关、决策部门了解情况、研究问题、制定和修改有关政策、采取相应措施提供依据。反映新生事物的调查报告,是对社会生活中出现的新生事物的产生背景、原因、发展过程和规律以及它的存在意义、影响和发展前途进行调查、分析以后发表的看法,以帮助人们提高认识,树立正确的态度,采取正当的行动。

另外,按照范围,调查报告可以分为综合调查报告和专题调查报告。按照内容,调查报告可以分为市场调查报告、商情调查报告、股票交易调查报告、青少年犯罪调查报告、社会治安调查报告、成人教育调查报告、职工收入调查报告等。按照目的,调查报告可以分为新闻性调查报告、总结性调查报告和研究性调查报告等。

三、调查报告的特点

调查报告具有自己的一些鲜明特点,主要包括针对性、客观性、深刻性。

(一)针对性

调查报告有明确的调查目的和特定的调查对象。或者总结、推广先进经验,介绍新生事物;或者反映情况,研究问题;或者揭露弊端,展示矛盾。针对性越强,就越符合实际工作需要,价值就越大。

作者必须围绕报告目的，从工作的实际需要出发，从客观存在的问题入手，有针对性地进行事实调查和分析、研究。例如，揭示问题的调查报告，就可以针对揭示问题、解决问题的目的，从问题的产生过程、产生原因、弊端和危害、解决方法以及今后的防范措施等方面进行调查分析。

(二) 客观性

调查报告真实、科学地反映客观事物。事实材料来自现实生活，从中得出的观点也要符合客观情况。客观性是调查报告的生命，是调查报告的价值和意义所在。调查报告必须从客观实际出发，以真人真事为依据，通过对事实材料的分析、研究，得出正确的结论。要选取适当的调查方法，要运用可靠的材料，例如统计数据、典型事例、现实材料、历史资料。要克服主观性、表象性和片面性等错误，尽量做到客观、全面。

(三) 深刻性

调查报告揭示的是客观事物的本质和规律。或者展示事物发展、变化中的主要矛盾，或者引导读者深入地思考，或者给人以思想的启迪。这是调查报告实现其社会作用和价值的要求。调查报告偏重于反映比较重大的题材，反映社会的热点问题和人们普遍关心的问题，这就要求调查报告不能仅仅停留在就事论事上，而要有一定的理论深度。在统计、分析和研究的基础上，寻找出事实材料的内在本质和事物发展的基本规律，提炼出富于思想性和科学性的主题观点，将感性认识上升为理性认识，用于指导我们的实践。

四、调查报告的作用

调查报告具有独特的作用,可以概括为提供依据、推广经验、明辨是非。

(一) 提供依据

调查报告可以为制定方针、政策和改进工作方法提供依据和参考。它强调调查研究,实事求是,一切从实际出发,能够真实、深刻地反映现实工作的基本情况,揭示客观事物的本质规律。对于上级领导部门制定方针、政策,提高决策水平,实现决策的科学化和民主化,具有重要的依据作用和参考价值;对于克服官僚主义和主观主义,改进工作方法,提高工作水平,也具有十分重要的意义。

(二) 推广经验

调查报告可以推广具有普遍指导意义的典型经验。它反映实际工作中普遍存在的现象和问题,把具体的经验和做法提供给有关部门,促进单位之间的信息交流,以利于更加有效地开展工作。

(三) 明辨是非

调查报告可以辨别真伪,明辨是非。它反映某项工作、某个问题或某种社会现象的本来面目,客观地揭示调查对象存在和发展的根本原因和本质规律,有利于广大群众深入思考,开阔视野,提高认识水平。

五、调查之前的准备工作

为了保证调查的顺利进行,调查之前应该做好一些准备工作,大致包括:

1. 根据意义和价值的大小, 确定调查的课题项目。

2. 明确调查的指导思想。

3. 研究调查的对象和范围。

4. 确定调查的起止时间。

5. 建立临时调研组织, 确定调查人员, 明确分工。

6. 研究调查的方法、手段和技术的运用。

7. 分析有关调查对象的历史和现状的资料。

8. 预算调查经费。

9. 分析调查中可能出现的问题, 制定应对策略。

10. 请有关专家和领导对课题项目及其实施方案进行评估。

六、调查的方法

调查的方法可以分为具体调查法和基本调查法。根据调查的行为方式, 具体调查法有访问调查法、问卷调查法、文献调查法、实验调查法、观察调查法等。根据调查的对象特点, 基本调查法有个案调查法、抽样调查法、普遍调查法等。

(一) 具体调查法

1. 访问调查法

访问调查法是调查者通过面对面的直接交谈而向被调查者了解情况、收集资料的调查方法。包括直接访问法、间接访问法和座谈访问法三种。直接访问法是调查者单独与调查对象直接交谈从而获得有关资料的方法。间接访问法是调查者通过访问调查对象周围的人从而获得有关资料的方法。座谈访问法是通过召开座谈会进行集体座谈从而获得有关资料的方法。

2. 问卷调查法

问卷调查法是调查者把根据研究课题制成的调查表发给被调查者填写以收集资料、掌握情况的调查方法。

设计问卷时, 要遵循以下原则:

①提问要力求简明扼要, 通俗易懂。

②提问要单一、具体, 容易回答。

③提问要全面、客观。

④提问应该先易后难。

3. 文献调查法

文献调查法是通过查阅文献以获取有关资料的调查方法。文献资料包括文字文献、数字文献、图像文献和有声文献等。要熟悉各类工具书, 例如年鉴、年表、手册、图谱、索引、类书等。要掌握各种检索法, 例如顺查法、逆查法、追溯法等。到图书馆查阅文献时, 一般按照从本单位到外单位, 从国内到国外的顺序。

4. 实验调查法

实验调查法是按照人工操作的设计程序对调查对象的活动进行观察、记载和分析以揭示其本质和规律的调查方法。它有详明的对照性, 或者用实验对象自身在实验前后作自我对照, 或者选取与实验对象相类似的单位作为对照。作为对照的参照物可以是一个, 也可以是一组或几组。实验可以重复, 以检验实验调查的结果。

5. 观察调查法

观察调查法是通过深入细致地对调查对象进行观察和分析从而获得有关资料的调查方法。要细致全面地观察, 客观如实地做好观察记录, 这样才能保证公正评价。

(二) 基本调查法

1. 个案调查法

个案调查法是通过对个别对象进行深入调查从而认识同类事物的调查方法。也叫典型调查法。个案调查涉及面小, 内容全面。个案调查可以是历史的, 也可以是现时的; 可以是纵向的, 也可以是横向的; 可以调查日记、书信、传记、地方志、档案、文物、照片等, 也可以调查思想、观念、精神、态度、心理等。

2. 抽样调查法

抽样调查法是对整体对象中的一部分样本进行调查、研究从而推断出整体的状况、特征等的调查方法。抽样调查有随机抽样和非随机抽样之分。随机抽样可以分为简单抽样、分组抽样等, 非随机抽样可以分为配额抽样、追溯抽样等。

3. 普遍调查法

普遍调查法是对所有的调查对象进行调查从而获得调查资料的调查方法。普遍调查法涉及面广, 内容全面, 得出的结论也比较真实可信, 但是工作量大。它要求对所有的调查对象进行全面调查, 因此只有在调查对象比较少时才使用。

七、调查报告的写作

结构一般由标题、正文和落款等部分组成。

（一）标题

1. 公文式标题

明确标明调查的对象、内容和文种，例如《关于黄河断流原因的调查报告》。为了引起读者思考，也可以采用提问式标题，例如《谁在消费保健品》。

2. 论文式标题

常常直接概括调查报告的主题和内容，例如《城乡居民收入差别及其决定因素研究》。

3. 综合式标题

采用双标题形式，由正题和副题组成。正题一般揭示调查报告的主题，副题一般补充说明调查的对象和内容，例如《百姓与"家轿"——关于影响购买家庭轿车主要因素的调查》。

（二）正文

一般由前言、主体和结尾组成。

1. 前言

内容主要包括调查的时间、地点、目的、对象、问题、范围、方式、结论等。前言主要是给读者留下一个总体印象，要开门见山，提纲挈领，紧扣主题，吸引读者。

前言部分的写法比较灵活，常见的有以下几种形式：

（1）概述文章的主题，交代调查的目的、对象、时间、范围、方式等。

（2）概括调查对象的成绩，通过今昔对比提出问题。

(3) 介绍调查对象的基本情况。

(4) 提出总观点, 并做简要说明。

(5) 从分析政策或事理入手, 引出调查对象。

2. 主体

详细阐述调查的主要内容, 揭示客观事物的本质和规律, 表达作者的观点和见解。

经验调查报告和问题调查报告, 在叙述事实材料之后, 从中概括出观点来, 说明经验的现实意义或问题的实质、后果以及教训等。

情况调查报告可以具体介绍调查对象各个方面的情况。

主体部分可以采用横式结构、纵式结构和综合结构。

(1) 横式结构

按照事物的性质或内在联系归类, 从几个方面组织材料, 几个部分之间呈横向并列关系。

(2) 纵式结构

按照事物发生、发展的时间顺序或内在逻辑来组织、安排材料, 逐层递进、深入, 揭示事物的本质和规律。

(3) 综合结构

横式结构和纵式结构交错运用、互相配合。综合结构兼有横式结构和纵式结构的特点, 适用于内容复杂、头绪繁多的大型调查报告。

3. 结尾

可以使用以下形式:

(1) 对调查的情况和问题, 提出解决的办法、措施、建议或意见。

(2) 概括全文观点, 进一步深化主题。

(3) 提出新问题, 引人深入思考。

(4) 指出问题, 找出差距, 表明态度。

(5) 展望未来, 指明方向。

(三) 落款

写上调查者姓名和成文日期。调查报告如果用来发表或交流, 可以把调查者姓名放在标题的下面。

写作中注意不要照搬调查材料, 要对调查材料进行归类、整理、计算、统计、分析, 运用的材料要印证观点和结论。

【例文】

企业职工加班状况调查

×××

(×年×月)

为了弄清企业职工的加班状况, 20××年×~×月, 本人对全国×个城市的×家企业的职工进行了抽样调查, 共收到问卷×份, 其中有效问卷×份。总体来说, 企业职工的加班状况呈现出不平衡的现象, 不同的地区之间、城市之间、所有制之间、性别之间、行业之间都表现出不平衡的特点。

一、地区之间不平衡

企业职工的加班状况在不同的地区之间表现出不平衡的特点。沿海地区企业职工平均1年加班×天，加班率（加班天数÷上班天数×100%）为×%；中部地区企业职工平均1年加班×天，加班率为×%；西部地区企业职工平均1年加班×天，加班率为×%。

不同地区之间企业职工的加班状况不平衡现象主要是因为各地区之间的经济状况、交通状况等因素决定的……

二、城市之间不平衡

企业职工的加班状况在不同的城市之间表现出不平衡的特点。北京、上海、广州、深圳一线城市企业职工平均1年加班×天，加班率为×%；二线城市企业职工平均1年加班×天，加班率为×%；三线城市企业职工平均1年加班×天，加班率为×%；四线城市企业职工平均1年加班×天，加班率为×%；乡镇企业职工平均1年加班×天，加班率为×%。

……

三、所有制之间不平衡

企业职工的加班状况在不同的所有制之间表现出不平衡的特点。国有企业职工平均1年加班×天，加班率为×%；民营企业职工平均1年加班×天，加班率为×%；外资企业职工平均1年加班×天，加班率为×%。

……

四、性别之间不平衡

企业职工的加班状况在不同的性别之间表现出不平衡的特点。企业男性职工平均1年加班×天，加班率为×%；企业女性职工平均1

年加班×天，加班率为×%。

……

五、行业之间不平衡

企业职工的加班状况在不同的行业之间表现出不平衡的特点。IT行业企业职工平均1年加班×天，加班率为×%；制造行业企业职工平均1年加班×天，加班率为×%；金融行业企业职工平均1年加班×天，加班率为×%；文化行业企业职工平均1年加班×天，加班率为×%；教育行业企业职工平均1年加班×天，加班率为×%；卫生行业企业职工平均1年加班×天，加班率为×%。

……

不同行业之间企业职工的加班状况不平衡现象主要是因为行业的特点、行业的要求等因素决定的。IT行业发展迅速，日新月异，适者生存，优胜劣汰。谁抢占了先机，谁就能够在未来的竞争中处于有利地位，引导行业发展，甚至制定行业规则。这就要求IT行业企业职工早出成绩，快出成绩……

企业职工的加班现象比较普遍，这是由多种因素决定的。节假日期间加班是常态，因为节假日期间一些企业仍然有些工作需要处理，这就要求职工加班。为了创造更多的价值，一些企业必须利用有限的厂房、有限的设备加班加点。但是企业应该认识到，要在合法合理的范围内让职工加班，要注意保护职工的合法权利，实现国家、企业和职工各方都受益。

第三节　计划

一、计划的含义

计划，是指党政机关、企事业单位、社会团体或个人为了完成未来的某项工作或任务，结合实际情况作出的打算和安排的文书。

现实生活中常见的规划、纲要、工作意见、工作要点、打算、设想、安排、方案等，都属于计划的范畴。但是它们在时间长短、内容详略、范围大小等方面有区别。规划、纲要是时间较长、范围较广、内容概括，展示宏观目标和发展远景的计划。工作意见、工作要点是领导部门向所属部门布置工作和任务，偏重于政策性、原则性指导的计划。打算、设想是非正式的、粗线条的计划。安排是内容具体、时间较短的计划。方案是对重要工作的目的、要求、方式、方法、进程等进行安排，经过上级批准以后才能执行的计划。

二、计划的种类

按照内容性质，计划可以分为学习计划、工作计划、生产计划、科研计划等。

(一) 学习计划

学习计划是组织或个人为了开展学习而制订的计划。

(二) 工作计划

工作计划是党政机关、社会团体、事业单位为了开展工作而制订的计划。

（三）生产计划

生产计划是企业单位为了进行生产而制订的计划。

（四）科研计划

科研计划是组织或个人为了进行科学研究而制订的计划。

另外，按照内容含量，计划可以分为专题性计划和综合性计划。按照范围，计划可以分为系统计划、单位计划、个人计划等。按照时间，计划可以分为长期（五年以上）计划、中期（一到三年）计划、短期（季度、月份、周）计划等。按照写作形式，计划可以分为文字式计划和表格式计划。

三、计划的特点

计划的特点可以概括为：前瞻性，可行性，明确性。

（一）前瞻性

计划是对未来工作的预测性设想和安排。计划有待于实际工作的检验。预测计划要尽量做到科学，这样制订出来的计划才能发挥现实作用。制订计划在深刻理解党和国家的方针政策、把握政策导向的基础上，要深入实际，调查研究，充分掌握历史的和现实的、全局的和局部的情况和资料，认真讨论，反复论证，使计划能够准确地预测未来。

（二）可行性

为了达到预期的目标，保证有序地、高效地完成任务，计划必须切实可行。任务指标的制订要来自实践，既不能过高，又不能过低，不能让执行者觉得可望而不可即或者轻而易举，否则会使计划的制订失去意义。计划的目标、任务可以稍微高于执行者的能力，经过努力可以实现。制订的方法要得当，措施要得力，步骤要具有可操作性。计划如果没有可行性，就没有执行的价值。

(三) 明确性

计划的目标、任务、要求、步骤、期限、方法、措施等都要十分具体而明确。只有这样，计划才能具有可操作性，才能保证计划的顺利实现。如果计划不明确，执行者就无从执行。为了保证计划的明确性，制订计划要使用一些精确的数据，项目要细致，表达要清楚，逻辑要严密。

四、计划的作用

计划的作用主要是指导工作、优化配置。

(一) 指导工作

计划一旦制订，就要按照计划执行。为了实现计划制订的目标、任务，就必须采取相应的步骤、措施。计划是一种工作决策，是一定时期内的行动纲领。在一定时期里，人们的行动都要围绕计划进行。不能有与计划相抵触的行为，更不能与计划背道而驰。只有大家齐心协力，步调一致，计划才能实现。如果把计划搁置一边，各行其是，就不能保证计划得到实现，计划就等于一纸空文。当然，计划的制订必须符合工作实际。

(二) 优化配置

要保证计划的顺利实施，就必须优化配置。计划可以调动人们的积极性、主动性和创造性，把各个环节、各个方面有机地配合起来,人力、物力、财力有效地结合起来,形成整体结构的最优化,充分发挥整体作用。系统内部优化配置好了,必然提高工作效率和劳动生产率,为计划的顺利实施创造良好的条件。领导者、管理者为了实现整体的优化配置,往往把计划作为对全局进行宏观调控的有效手段和对系统内部进行协调的有效工具。

五、计划的写作

结构一般由标题、正文和落款等部分组成。

（一）标题

可以采用以下几种形式:

1.单位+时间+事由+文种,例如《盛欣公司20××年员工招聘计划》。

2.单位+事由+文种,例如《××科技馆建设计划》。

3.时间+事由+文种,例如《20××年青年骨干培训计划》。

4.事由+文种,例如《生产计划》。

如果标题中没有注明单位、时间,落款中就要注明单位、时间。

如果计划还需要经过讨论才能定稿,就应该在标题后面的括号里注明"征求意见稿""初稿""草案""讨论稿"等。

（二）正文

包括前言、主体和结尾三个部分。

1.前言

交代指导思想和基本情况。指导思想说明制订计划的目的、依据,就是为什么制订此计划,根据是什么。基本情况从总体上分析本单位的主客观条件, 说明完成任务的必要性和可能性等。

2. 主体

(1) 目标、任务

主要说明做什么。要写清楚计划应该达到的目标、完成的任务指标和要求等, 要具体明确地落实到工作数量、质量、效率、效益等方面。提目标要宏观科学、切实可行, 提任务要确定重点、分清主次, 提要求要条理清楚、具体明确。

(2) 措施、步骤

主要说明怎么做, 什么时间做。具体说明为完成目标、任务采取的具体方法、措施, 人力、物力、财力的调配运用, 有关部门的具体分工, 不同时限达到的具体要求等。例如, 怎样利用优势, 依靠哪些力量, 采取何种方法, 创造什么条件, 克服哪些困难, 人员如何分工, 程序如何划分, 奖惩如何进行。

3. 结尾

可以采用以下方式:

(1) 点明工作重点, 强调主要环节。

(2) 说明注意事项, 分析可能出现的问题。

(3) 提出希望与号召, 激励大家为完成计划而努力奋斗。

要言简意赅, 自然收束, 有鼓动性, 有号召力。

(三) 落款

写上制订计划的单位名称、个人姓名和成文日期。单位名称如果在标题中已经出现, 这里就可以省略。

【例文】

××公司20××年生产计划

20××年，本公司提前×天实现了年度目标，科研、生产、销售全面超额完成计划，年人均国民生产总值、上缴利税、职工工资超过国家人均水平，环境保护工作也做得较好，显示了本公司雄厚的实力。为了配合国家"××五"发展战略，结合本公司的实际情况，本部门特制订20××年生产计划。

一、目标与任务

（一）工业总产值

20××年，本公司实现工业总产值×元，比20××年增长×%，并且提前×天完成了年度目标。按照这一增长率，20××年本公司应该实现工业总产值×元。其中，××核心产品产值×元，××主要产品产值×元，××产品产值×元，××产品产值×元，××产品产值×元。

（二）上缴利税（略）

（三）工资增长（略）

（四）科技创新（略）

（五）环境保护

进一步提高环境保护意识，降低废渣、废水、废气的排放数量，做好环境保护工作，为公司可持续发展提供有力的支持，为社会进步做出更大的贡献。实施污染物排放总量控制，把污染物排放总量控制在×%以内。

二、实现工业总产值的措施与步骤（略）

三、实现上缴利税的措施与步骤（略）

四、实现工资增长的措施与步骤（略）

五、实现科技创新的措施与步骤（略）

六、实现环境保护的措施与步骤

（一）污染物排放总量控制的基本原则

1. 指标筛选原则

对环境危害大的、国家重点控制的主要污染物，环境监测和统计手段能够支持的，能够实施总量控制的，公司实行指标筛选原则。

根据以上原则，公司对以下12种污染物实行排放总量控制：

（略）

2. 总量分解的原则

服从总目标，突出重点，区别对待，扶持优强。

（二）总量控制的基本做法

1. 在各分公司申报的基础上，核实分公司20××年排放量基数；经公司综合平衡，编制公司污染物排放总量控制计划；把20××年主要污染物排放量分解到各分公司，作为公司控制计划指标。

2. 各分公司把公司控制计划指标分解下达，逐级实施总量控制计划管理。

3. 污染物排放量较大的分公司，力争实现增产不增污。

4. 编制月份计划。

……

20××年公司生产计划关系到公司的发展和职工的利益，只要我们同心同德，奋力拼搏，我们的目标就一定能够实现。

××公司计划部

×年×月

第四节　总结

一、总结的含义

总结，是指组织或个人对过去的工作进行回顾、检查、反思和综合、归纳、分析，以找出经验、教训并使之条理化、系统化的文书。

对一定时期内的工作、学习、实验、训练、生活等实践过程，或者对一项已经完成的任务，客观地进行回顾、检查、研究，从中找出经验和教训，形成总体评价，并且加以条理化、系统化，上升为规律性的理性认识，反过来用以指导今后的实践活动，这就是总结。有人把总结的基本内容概括为：回顾过去，评价得失，指导将来。

总结是与计划相对应的文书。总结可以看作是对计划执行情况的检查和评价。通过总结，可以发现计划的制订是否合理、执行计划取得的成绩和存在的问题。这些对制订下一阶段的计划具有重要的指导和借鉴意义。

二、总结的种类

按照内容含量，总结可以分为综合性总结和专题性总结。

(一) 综合性总结

综合性总结是对一定时期内各方面工作的全面总结。它涉及面广，内容详细，能够展现以往工作的全貌，例如工作开展的基本情况、经验和体会,存在的问题、不足和努力方向。综合性总结一般用来向上级单位汇报工作,指导本组织或个人的工作实践。

(二) 专题性总结

专题性总结是就某项具体工作或专项活动进行的总结。它内容单一、具体,并且常以总结典型经验为主。专题性总结针对性强,富有指导意义。

另外,按照内容性质,总结可以分为工作总结、学习总结、思想总结、生产总结、教学总结、科研总结等。按照时间,总结可以分为年度总结、季度总结、月度总结、阶段总结等。按照范围,总结可以分为系统总结、单位总结、班组总结、个人总结等。按照功能,总结可以分为汇报性总结和经验性总结。

三、总结的特点

总结具有典型性、规律性和理论性的特点。

(一) 典型性

总结中概括出来的经验或教训具有较高的代表性,因而具有典型性。这些经验和教训具有普遍的指导意义,适用于类似的情况。吸取这些经验和教训,可以少走弯路,迅速取得成功。因此,要善于从总结中学到有益的东西,用于指导我们的实践。

(二) 规律性

好的总结能够透过复杂的现实工作,找出实质性的内容。总结通过对具体工作的认识、把握,归纳出规律性的东西。只有规律性的总结,才能指导人们从事普遍意义的工作。

（三）理论性

总结的目的在于指导工作，总结的内容不能只是对工作事实的堆砌和对有关材料的罗列，而是要对大量的工作材料进行分析、思考，上升到一定的理论高度，从感性认识上升到理性认识，体现出一定的理论水平，从而指导今后的工作。

四、总结的作用

总结的作用主要在于提高认识、汇报情况、改进工作。

（一）提高认识

现实中常常会出现这种情况：工作虽然做了，但是由于各种因素的影响，人们一时看不清楚问题的实质，或者看法不一，评价不一。总结通过去粗取精、去伪存真、由此及彼、由表及里的分析、研究，可以把感性认识上升为理性认识，掌握客观事物的本质和规律。可见，总结的过程，就是提高认识的过程。

（二）汇报情况

总结既可以上交上级领导部门，又可以在本单位、本部门进行交流。通过总结，上级领导部门和本单位、本部门可以了解工作的具体情况，例如成败得失以及成功的经验、失败的教训、改进的方法等，以便今后制订计划时有的放矢。

（三）改进工作

我们通过总结，可以从中提取经验，吸取教训，明确方向，为领导者、管理者提供参考和依据，提高决策水平。通过总结，可以发现实际工作中与计划不相符的地方。总结有利于在以后的工作中发扬成绩，纠正错误，克服盲目性，增强自觉性，进一步改进工作。

五、总结的写作

结构一般由标题、正文和落款等部分组成。

（一）标题

可以采用公文式标题、论文式标题或综合式标题的形式。

1. 公文式标题

这种标题比较醒目，适用于综合性总结和专题性总结。公文式标题有以下几种构成方式：

（1）单位+时间+事由+文种，例如《××文化传媒有限公司20××年工作总结》。

（2）单位+事由+文种，例如《××市水文局治理××江工作总结》。

（3）时间+事由+文种，例如《20××年职工培训总结》。

（4）事由+文种，例如《引进人才总结》。

（5）时间+文种，例如《季度总结》。

（6）只写文种《总结》。

2. 论文式标题

这种标题比较简明，常常直接概括总结的内容和主题，适用于经验性总结。例如《向管理要质量要效益》。

3. 综合式标题

采用双标题形式，由正题和副题组成。正题一般采用论式标题，揭示总结的内容或主题；副题一般采用公文式标题，补充说明单位、时间、事由及文种。例如《适应新形势，研究新情况，解决新问题——××市信访办公室20××年工作总结》。这种标题比较全面，适用于经验性总结和有特点的总结。

（二）正文

1. 前言

概括叙述基本情况。包括工作开展的背景，内外部环境，主客观条件，总结的时限和范围，对工作情况的总体评价等。应该根据总结的内容有所侧重，要简洁精练、提纲挈领。

2. 主体

具体阐述成绩与经验。包括所取得的成绩，采取的主要措施和做法，在实际工作中的切身体会和具有典型意义的经验等。阐述时要有充分的事实，典型的材料和确凿的数据。要事理结合，点面结合，条理清楚，逻辑严密。可以使用小标题。

主体部分可以采用纵式结构或横式结构。

（1）纵式结构

以成绩或经验为纲。首先把取得的成绩、成效分为几个方面，按照主次轻重排列，接着详细介绍采取的措施、主要做法，然后阐述经验、体会。纵式结构常常用于专题性总结或经验性总结。

（2）横式结构

以工作内容为纲。按照性质把工作内容分成几个方面，分别介绍做法、措施、经验和体会。横式结构常常用于综合性总结。

3. 结尾

交代问题和打算。包括存在的问题、不足，改进的措施，今后的打算，努力的方向等。要具体、实在，不能写得很详细，也不能写得太笼统。

（三）落款

写上进行总结的单位名称、个人姓名和成文日期。单位名称如果在标题中已经出现，这里就可以省略不写。总结如果用来发表或交流，可以把单位名称或个人姓名放在标题的下面。

【例文】

××公司20××年新产品开发总结

在中央科教兴国精神的鼓舞下，今年我公司广大员工努力工作，按照国家技术开发的方针、政策，围绕着创造核心技术、增强企业活力，狠抓了新产品开发这个关键。由于各部门领导重视，科技人员的积极性高，公司出现了多层次搞开发、多形式争项目的良好局面，使新产品开发取得了较大的成绩。全年公司研制成新产品×种，获得国家专利×种，通过省部级鉴定的×种，其中国内首创的×种，达到国家先进水平的×种，省内先进水平的×种。有×种获奖，×种被评为省优秀新产品。根据统计，新产品实现产值×万元，占全市工业总产值的×%；实现利税×万元，占全市利税总额的×%。

在新产品开发工作中，我公司采取了一系列措施，主要抓了如下

几项工作:

一、提高思想认识,增强开发新产品的紧迫感

为了响应政府提出的"大众创业""万众创新"号召,公司科技处开动脑筋,想尽办法。科技处多次邀请高等院校、科研单位的科学家、发明家到我公司作报告,派遣多名科技人员出国考察、学习,组织公司职工到科技馆参观,派遣多批次员工到其他公司交流。

通过考察、参观、交流,科技人员看到了我公司技术与先进技术之间的差距,增强了开发新产品的紧迫感和使命感。广大职工越来越深刻地体会到,科学技术是第一生产力,而新产品开发是将科学技术落到实处。

二、深入调研,开发市场急需的产品(略)

三、推行项目承包责任制,调动科技人员开发新产品的积极性

为了调动科技人员和职工开发新产品的积极性,在新产品开发中,我们坚持推行多种形式的项目承包经营责任制,做到项目有责任,质量有保证,时间能兑现,投资有效益,把科技人员和广大职工的切身利益同新产品开发工作紧密结合起来。具体做法有:一是单项承包,立功受奖;二是新产品开发难题招标承包,组织社会力量攻关;三是组织"三结合"攻关组,开发新产品。×分公司×设备,是省新产品开发项目,该分公司把这套设备的×个部分、主要部件的设计试制任务,分别承包给×名工程技术人员,通过定任务、定时间、定质量、定奖励,提高了技术人员的积极性,不到半年就试制成功了。产值利润高达×%以上,

产品供不应求。

四、坚持多渠道、多形式筹措新产品开发资金（略）

五、借助社会技术力量，开发新产品

为了更好地开发新产品，向世界一流产品迈进，我们与××大学、××大学、××研究院以及×国的××大学、×国的××研究院、×国的××公司等国内外多家高等院校、科研单位、科技企业建立了密切的合作关系，建立了产、学、研联盟。

通过借助社会技术力量，20××年我公司在开发新产品方面取得了突出的成绩。开发新产品×种，其中1种达到国际先进水平，×种达到国内先进水平……

我公司的新产品开发工作虽然取得了一些成绩，但与上级的要求还有很大的距离，有些问题还解决得不够好，如核心技术还有待提高，高水平的拳头产品还不多，新产品开发速度还不够快，新产品投产率还比较低，一些产品的效益还没有完全发挥出来，个别部门对开发新产品还不够重视，产品品种不够丰富，实现产品结构合理化的任务还比较重。因此，我们要继续努力，使新产品开发工作取得更大的成绩。

×××

×年×月×日

第五节 述职报告

一、述职报告的含义

述职报告，是指领导干部、公务员、专业技术人员和生产经营管理人员等向所在工作单位的组织人事部门、上级机关和职工群众如实陈述本人在一定时期内履行岗位职责情况的文书。

总结和述职报告都可以用来总结工作，但是二者使用范围不同。述职报告只能用于本人工作述职，总结的使用范围更加广泛。

二、述职报告的特点

述职报告的重要特点是述评性。它要求述职者对照所在岗位的行为规范、岗位职责、目标任务，实事求是地陈述履行岗位职责的情况，包括取得的成绩、犯过的错误和存在的不足。述职报告陈述的是工作情况和事实，即个人任务完成的情况，工作质量与效率，所作的主要贡献，个人的态度表现，要突出工作的实绩。对于事实材料，述职者要精心筛选，做到不夸大，不缩小，不添加，不隐瞒，不虚构。述职者除了客观地陈述工作事实外，还要结合行为规范、岗位职责、目标任务等有关标准，对履行岗位职责的情况进行简要、中肯的自我评价。

三、述职报告的作用

述职报告有利于了解干部、职工的理论水平、道德修养和工作能力，有利于管理工作的科学化、民主化，是组织部门和上级领导考核、评优、晋升员工的重要依据, 是干部、职工认识自己、鞭策自己和实施民主监督、民主管理的有效工具。

四、述职报告的写作

结构一般由标题、称谓、正文、附件和落款等部分组成。

(一) 标题

比较常用的有以下三种:

1. 直接写上文种名称《述职报告》。

2. 由"我"+文种构成, 写成《我的述职报告》。

3. 由述职者职务+姓名+文种构成, 例如《××公司总经理×××的述职报告》。

(二) 称谓

即述职报告的呈送单位、部门或负责人, 例如组织部、人事处、单位职称评定委员会等。

(三) 正文

包括开头、主体和结尾三个部分。

1. 开头

交代任职情况。包括所任职务、任职时间、所负责的具体工作等。还可以对所做的工作进行总体评价。

2. 主体

为了突出重点, 主次分明, 取得良好的表达效果, 要按照一定的顺序来组织安排内容材料。包括以下内容:

(1) 履行岗位职责的情况

把自己的工作分成几个方面，阐述各方面工作的主要进程，采取的主要措施，取得的主要成绩。要注意区分主要与次要、宏观与微观、战略与战术、整体与局部的关系。要注意各项具体措施之间的逻辑关系。要注意密切联系实际，用工作事实和工作实绩说明自己是怎样履行岗位职责的，做到丰富、生动、具体、客观。

(2) 存在的问题与不足

剖析自己，直面问题，找出原因，总结教训，不遮遮掩掩，不泛泛而谈，不做表面文章。

(3) 今后努力的方向和打算

主要针对缺点和不足提出。

3. 结尾

常常写上"以上报告，请审查""专此报告，请审阅""特此报告""专此述职"等。

(四) 附件

如果有需要补充说明正文的文字材料、图表，例如获奖证书、转载的文章等，述职人可以作为附件附在述职报告的最后。述职报告的正文末尾左下方写明附件的名称及其数量。

(五) 落款

写上述职人的职务和姓名，如果标题中已经出现过，也可以省略不写。写上成文日期。

【例文】

述职报告

各位领导、各位同志：

　　本人是今年1月调到××分厂任分厂厂长职务的。1年来，在总厂厂委的正确领导下，分厂干部、职工同心同德，求实创新，克服了原材料价格上涨、资金短缺等困难，努力深化和加快生产和经营的改革，使本分厂的工业生产取得了较快的发展。

　　一、主要工作的完成情况

　　1. 目标提前实现

　　今年本分厂的主要目标都已经提前实现。工业生产提前×天完成全年计划，销售提前×天完成全年计划。预计今年可实现产值×元，实现利税×元。

　　2. 技术有了明显的进展

　　本分厂所属主要车间的技术引进取得进展，技术改造稳步发展。全年引进技术×项，改造技术×项。其中，××车间引进技术×项，改造技术×项；××车间引进技术×项；××车间改造技术×项。

　　3. 经济效益明显提高

　　预计今年本分厂可实现工业产值×元，增长幅度为×%，利润×元，增长幅度为×%，经济效益明显提高。

　　4. 承包不断完善，合作不断扩大

　　今年，本分厂所属的车间全部实行了承包经营，对车间主任、班组长全部实行了聘任制。同时，本分厂转变经营作风，积极主动地实行工贸结合，密切工贸关系，从而保证了产品销售的稳步发展。

5. 职工的整体素质、业务水平有了提高

今年本分厂举办了计算机、质量检测培训班共×期，并选派部分干部、职工到高等院校和上级部门接受业务培训，收到了良好的效果。

二、本人所做的几项工作

1. 抓学习贯彻党和政府的方针、政策

凡是党和政府的方针、政策，本人都结合本分厂工作的实际学习好、领会好、运用好，并把精神落实到工作中去。

2. 抓目标管理

1年来，本人用改革总揽大局，紧紧抓住改革这个机遇，积极在分厂上下推行目标管理，同时主动与有关部门协商，主持制订改革方案和目标管理实施办法，不断督促检查，确保各项目标的落实。

3. 抓综合协调

对于本分厂里的重大事件，在分厂各副厂长分工负责的前提下，本人主动出谋划策，帮助综合协调，特别是有关全局的业务规划、技术改造，涉及上下关系、业务工作、思想工作中的难题，本人都尽量参与，与分厂各副厂长一起深入实际，帮助解决。

三、存在的问题和改进的措施

本人工作能力和业务水平有限，工作中还存在一定的问题。今后要注意改进以下几方面的工作：

1. 进一步加强经营管理工作

由于受到环境的干扰,本人在认识上有待提高。在经营活动中,本人虽然也要求和强调加强管理,但实际上要求过宽。今后要切实把经营管理当作大事来抓,做到严格管理。

2. 进一步搞好调查研究

本人虽然工作中也强调现场办公、调查研究,但1年来还是浮在上面多,开会研究多,下基层少,调查研究少。今后要制订深入调查研究的具体计划,并付诸行动。

3. 进一步加强厂风建设

1年来本人忽视了厂风建设问题,导致了干部和职工思想混乱,不上班和上班干私活,职工之间、干部之间发生矛盾的事不时出现,影响了分厂工作的顺利进行。今后要从分厂干部抓起,树立团结、求实、进取、创新的新厂风。

以上述职报告,请领导和同志们评议。

×××

×年×月×日

第六节　求职信

一、求职信的含义和特点

求职信，是指求职者根据自己的条件和意向向用人单位自我推荐以谋求职位的书信。

求职信的特点是针对性和自荐性。

(一) 针对性

在求职者众多、竞争激烈的情况下，为了达到求职的目的，求职者要认真研究求职过程中可能遇到的各种情况和问题，有针对性地突出自己的优势。要充分认识用人单位的特点、岗位职责的要求和自身的能力、特长，选择适合自己的职位，有的放矢，突出重点。

(二) 自荐性

要让用人单位了解自己、认识自己、欣赏自己、录用自己，就要求求职者有较高的自荐水平。求职者要把自己的兴趣、爱好、能力、特长客观地、清楚地表达出来，既不妄自尊大，也不妄自菲薄，以自己的实力打动用人单位，给用人单位留下自信而谦虚的良好印象。

二、求职信的写作

结构包括标题、称谓、问候语、正文、祝颂语、落款、附件等。

(一) 标题

写文种《求职信》《自荐信》等。

(二) 称谓

写收信单位名称、个人姓名。事业单位一般是人事科、人事处。企业单位一般是人力资源部、人事部。有时也可以直接写给单位领导人，领导人姓名后面加上职务，前面可以加上"尊敬的"等修饰语。

（三）问候语

常常用"您好""打扰了"等开头。

（四）正文

包括求职意向、求职缘由、自身条件、答复请求等。

1. 求职意向

包括就业目标是什么，到什么部门就业，干什么工作等。给目标定位，也是给自己定位。在社会中寻找自己的位置，不仅取决于自身条件，也取决于社会现实。考虑要周到，表达要清楚。

2. 求职缘由

包括对单位性质、岗位性质等的认识和其他的选择理由。在说明对单位、岗位的特点、优势的认识和自己的选择理由的同时，也是在展示自己。要简洁明了，诚实可信。

3. 自身条件

包括基本情况、教育背景、性格能力、主要成果、荣誉奖励、实习情况、工作情况、兼职情况等。因为一般另外附有个人简历，其中对自身条件已有详细介绍，这里只需要对个人简历中的有关情况做概括交代就行了。概括交代自身条件一定要实事求是，一般应该能够在个人简历中找到相关证据来支持。

4. 答复请求

再次强调求职目标,并且表达对用人单位答复自己的希望。

(五)祝颂语

一般写"此致""敬礼"等。

(六)落款

写上求职者的姓名和写信日期。

(七)附件

附件可以起到重要的证明作用。附件一般包括个人简历,有关证件,所学专业课程成绩一览表,各类证书,发表的论文、论著或其用稿通知,学校有关部门的推荐意见以及教授、专家的推荐信等。附件一般采用复印件的形式。

注意求职信中不要出现语法错误、逻辑错误、错别字等,否则会给招聘单位留下不好的印象,从而影响自己的求职。

推荐信是求职人请有一定资历的人为自己写的推荐工作的信,要求从推荐人的角度对被推荐人的性格、能力等加以介绍。

【例文】

求职信

××公司人力资源部:

打扰了!

本人是一名人工智能研发人员,刚刚从××公司辞职。得知贵公司招聘相关职位,很想在贵公司找到一份工作。

　　本人认为，人工智能是研究、开发用于模拟、延伸和扩展人脑智能的理论、方法、技术及应用系统的一门新兴技术科学。人工智能是计算机科学的一个分支，从诞生以来，理论和技术日益成熟，应用领域不断扩大。人工智能是一门极富挑战性的科学，前途无限光明。

　　本人读书期间，主修计算机专业，学习过与人工智能相关的一些课程，学习成绩优良，曾经×次获得过奖学金。爱好发明创造，曾经获得过全校大学生创新大赛一等奖。

　　本人工作期间，除了参与人工智能研发以外，还积极撰写科研论文，在《××××》《×××××》等刊物上发表过文章。

　　本人英语水平良好，英语听、说、读、写、译熟练，有英语六级证书。本人计算机运用熟练，有计算机工程师证书。

　　本人性格坚强，积极、乐观、诚实、正派，责任心强，善于沟通，热爱本职工作，敬业精神强，富有团队合作精神。

　　本人认为自己符合贵公司的招聘条件，希望贵公司给我一个机会。本人热诚地期待着贵公司的答复。

　　此致

敬礼!

×××

×年×月×日

　　附件：

　　1. 个人简历1份

　　2. 英语六级成绩单复印件1份

3. 奖学金证书复印件×份

4. 创新大赛获奖证书复印件1份

5. 已发文章首页复印件×份

6. 计算机工程师证书复印件1份

附件1：个人简历

基本情况	姓名		性别		照片
	出生年月		身份证号		
	籍贯		户籍		
	民族		政治面貌		
	职称		健康状况		
联系方式	地址			邮编	
	手机			电子邮箱	
求职意向	应聘岗位				
	薪金意向				
教育背景	最高学位		最高学历		毕业时间
	毕业院校		系别		学制
	专业		研究方向		导师
	外语语种		外语水平		计算机水平
学习经历	时间	单位		专业	职务
工作经历	时间	单位			职务
主要成果	时间	论文/论著/项目		级别	刊物/出版社/单位
荣誉奖励	时间	名称		级别	授予单位
自我评价					

第七节 演讲稿

一、演讲稿的含义、特点和作用

演讲稿是在公开场合发表个人观点、见解和主张的文稿。

演讲稿的特点主要是灵活性。演讲稿选材比较灵活、主动,可以根据听众的愿望和要求,有的放矢。可以运用多种表达方式,诉说生活体验,动之以情,晓之以理。较多地运用口语、短句,以及幽默、双关、反语等修辞手法,以达到吸引听众的目的。

演讲稿可以宣传自己的观点、见解和主张,为演讲提供依据和规范。演讲可以借助表情、手势等,起到宣传教育、鼓动感召作用。

二、演讲稿的写作

结构一般由标题、署名、时间、称谓和正文等部分组成。

(一) 标题

1. 公文式标题

由事由+文种构成,例如《在××公司成立××周年大会上的演讲》。

2. 论文式标题

概括演讲稿的主旨或主要内容,例如《我有一个梦想》。

(二) 署名

演讲人的姓名写在时间下面。如果在标题中已经出现,这里就可以省略。

(三) 时间

演讲时间写在标题下面, 外面加上圆括号。

(四) 称谓

针对听众的身份, 称为 "同志们" "朋友们" 或 "女士们" "先生们" 等。

(五) 正文

1. 开头

或开门见山, 揭示主题; 或说明情况, 介绍背景; 或提出问题, 引起关注。

2. 主体

或论证论点, 或叙述时间, 或说明情况, 重点阐述观点或问题, 多方阐述, 逐层深入。节奏要紧凑, 衔接要自然, 条理要清楚, 语言要通俗。

3. 结尾

或者概括主要内容, 或者提出希望、号召, 或者表示祝愿、感谢。在高潮中结束演讲。

【例文】

先秦哲学与企业管理

×××

(×年×月×日)

各位先生、各位女士:

先秦哲学博大精深, 儒家、墨家、道家、法家、阴阳家、兵家、名家、纵横家的哲学思想各有长处，各具特色，可以帮助我们更好地进行企业管理。

一、儒家思想与企业管理

儒家强调"仁、义、礼、智、信"，主张"格物、致知、正心、诚意、修身、齐家、治国、平天下"，将德性与理性融合为一体，把"内圣外王"作为人格目标。儒家积极入世的思想启发企业管理者充分发挥主观能动性，积极投身于伟大的建设事业。

儒家的仁爱仁政思想启发企业管理者广施仁爱，实行仁政，爱护员工，不管关系亲疏，友好、真诚地对待每名员工，不把员工当成赚钱的工具。克己复礼思想启发企业管理者严格要求自己，宽容地对待别人。以德配天思想启发企业管理者不断提高自身的修养，不做不道德的事情，清心寡欲，廉洁奉公。贵和尚中思想启发企业管理者处理好企业与其他单位以及人与人之间的关系，和睦相处，办事公道。人性本善思想启发企业管理者相信人的美好天性，信任员工，依靠员工。舍生取义思想启发企业管理者用仁义之心对待员工，才能得民心、得天下。天人分明思想让企业管理者认识到，天与人各有自己的职责范围，分别扮演不同的角色，人一方面要尊重自然，另外一方面要利用自然。礼乐教化思想启发企业管理者重视职业教育、岗位培训，用培训、进修等方法让员工在学习中提高认识，塑造人格，增进技术，发展能力。……

二、墨家思想与企业管理

墨家的尚贤思想启发企业管理者注重选拔官员以贤能为标准，

不分贫富、贵贱、亲疏、远近。节用思想启发企业管理者注重降低成本，节约财富，节制欲望。非命思想启发企业管理者强调依靠自己的努力来改变自己的命运。兼相爱、交相利思想启发企业管理者注重同等地、无差别地爱一切人，企业与企业、人与人之间的合作要遵循互利共赢的原则。非攻思想启发企业管理者反对不义的竞争和兼并，否则会互相伤害。……

三、道家思想与企业管理

道家的道法自然思想启发企业管理者遵循事物的发展规律，积极探索事物的发展规律。对立统一思想启发企业管理者用发展、变化的观点看待事物，要有前瞻性。万物一齐思想启发企业管理者平等地对待他人。……

四、法家思想与企业管理（略）

五、阴阳家思想与企业管理（略）

六、兵家思想与企业管理（略）

七、名家思想与企业管理（略）

八、纵横家思想与企业管理（略）

先秦哲学思想内涵非常丰富，充分体现了中国古代先贤的智慧，需要深入领会，仔细推敲，并且结合企业的实际情况活学活用，服务于现代企业管理。

第八节 规定

一、规定的含义、特点和作用

规定，是指党政机关、企事业单位、社会团体等针对某项工作或专门问题提出必须遵守和执行的要求与规范的文书。

规定的内容相对集中，不如条例那么注重原则性，又不如办法那么具体。规定的适用范围比条例广泛，党政机关、企事业单位、社会团体等都可以使用。

规定具有局部性的特点。规定是一种法规性的规章制度，往往是针对某项工作或专门问题提出比较具体的要求和规范，以便于人们遵守和执行，以确保活动的顺利开展和圆满完成，因而事务性较强。

规定对人们的行为具有规范的作用。

二、规定的写作

结构一般由标题、题注和正文等部分组成。

（一）标题

1.由单位名称+事由+文种组成，例如《××大学研究生学籍管理规定》。

2.由事由+文种组成，例如《质量管理规定》。

（二）题注

一般在标题的下面注明制定单位和发布日期，外面加上括号。如果是经过会议通过的，就要标明通过的机构、会议和日期。

(三) 正文

一般包括目的依据、规定内容和实施说明等部分。

复杂的规定正文可以采用"三则式":总则、分则和附则。总则部分交代制定规定的原因、目的和依据等,分则部分阐述规定的具体内容,附则部分说明制定与生效时间、修改权和解释权等。

简单的规定正文可以只包括具体内容。

规定的正文一般采用条文式结构分条来写。

【例文】

安全生产管理规定

(××公司第×次职工代表大会×年×月×日审议通过)

总则

第1条 本公司为了保证安全生产,提高劳动生产率,降低事故发生率,根据有关的法律、法规,结合本公司的实际情况,特制定本规定。

第2条 本规定适用于本公司的全体职工。

分则

第3条 门卫工作人员在值班时间内必须衣饰整洁,对来访者以礼相待,态度和蔼。

第4条 门卫工作人员必须坚守工作岗位,做好安全保卫工作。

第5条 凡本公司职工上班一律不准带小孩,不准带零食。

第6条 职工进公司必须佩戴公司徽章(佩戴在前胸左侧上部),

未佩戴者登记上报。实习生、外包工、临时工、外来学习培训人员应出示相关证件。

第7条　职工上班必须衣冠端正，一律不得外穿三角裤，进车间必须衣冠贴身，不准穿拖鞋、裙子，不许披散长发。

第8条　生产区域禁止烟火、鞭炮等，不准吸烟。

第9条　职工必须严格按照安全生产手册进行操作，不得违反规定进行操作。

……

第17条　职工上班时间不得进行证券交易、玩游戏。除了工会组织的活动以外，职工上班时间不得下棋、打牌、干私活或从事其他与工作无关的活动。

第18条　凡本公司职工迟到、早退、中途离开者必须登记，在上班时间因公外出者，应持有出入证；凡批准病假、事假、调休等人员应持有准假证；哺乳者必须持有哺乳证。所有持证人员必须在门卫检查或登记后才能出公司。无证出公司者，门卫有权登记并及时上报人事处，一律以旷工考核。

第19条　车间职工离开时需要检查电、水、气情况，关闭开关。

第20条　凡公司内的原辅材料、生产设备、工具零件、成品、半成品等一切物资一律凭成品物资出入单，或实物现金发票出公司联出公司大门，凡私人拎包等物出公司要主动向门卫打招呼。对不符合手续出公司的物品，门卫有权询问、检查或扣留。

第21条　各种车辆按指定地点停放，出入公司大门必须经过门卫检查，未经许可不准进入公司大门，经过许可才准驶出公司大门。

第22条　车辆在公司内行驶时速不得超过×千米，鸣笛声音不得超过×分贝。

第23条　传达室内除正常工作人员及外来联系工作人员以外，其他任何人不准在室内谈天、闲坐。外来联系工作人员必须出示证件，并进行来访登记，然后方可进入公司。

第24条　外人参观必须事先与本公司有关部门联系，得到同意后才能参观。未经本公司有关部门许可，参观人员不准拍照，不准带走任何资料、物品。

附则

第25条　本规定修改权、解释权归公司职工代表大会。

第26条　本规定自通过之日起生效。

第九节　章程

一、章程的含义、特点和作用

章程，是指规定某一政党或团体的组织结构、活动形式和行动准则等内容的文书。

章程的内容包括组织的性质、宗旨，成员的条件、权利和义务，机构的设置和职权范围，活动的形式和规则，经费的来源和管理等。章程以书面形式把这些内容加以阐明并固定下来，是某一政党或团体的全体成员都必须遵守和执行的行动准则。章程是一种规范性的规章制度，违反章程的成员将受到制裁和处分。

联营企业或股份公司的章程常常就以下内容做出规定：经营宗旨，董事会的设置和任期，各级任职人员的职责和权限，联营期限，经营范围，资金构成，财务管理，盈亏分配等。

章程具有纲领性的特点。章程对某一组织的性质、宗旨、任务等都做出了明确的规定，是该组织存在、运作和发展的纲领性文件，不如制度、规则那么具体。章程对某一组织内部的全体成员都普遍适用，是全体成员都必须遵守的行为准则和行动纲领。

章程对于成员具有约束的作用。

二、章程的写作

结构一般由标题、题注和正文等部分组成。

（一）标题

一般由组织名称+文种组成,例如《×××科学技术协会章程》。

(二) 题注

一般在标题的下面注明制定组织和发布日期,外面加上括号。如果是经过会议通过的,就要标明通过的机构、会议和日期。

(三) 正文

内容比较复杂的一般采用"三则式":总则、分则和附则。内容比较简单的则不必采用"三则式"。常常分章列条或分条列款。

1. 总则

交代制定章程的目的、根据以及组织成立的缘由、宗旨、性质、作用等。它是章程的序言、总纲。

2. 分则

阐述组织的机构组成情况及其组织原则、职权,成员的条件及其权利、义务,活动的内容与程序等。它是总则精神的具体化,是实施的细则。

3. 附则

补充说明章程的生效时间、适用对象、具体实施办法,章程的制定权、修改权和解释权,以及正文中引文的出处等。

【例文】

××集团科学技术协会章程

(××集团科学技术部×年×月×日通过并发布)

第1章 总则

第1条 为了确立本集团科学技术协会制度基础,根据中华人民共和国宪法和有关法律、法规,××集团科学技术部特制定本章程。

第2条 本协会遵守中华人民共和国宪法和有关法律、法规,合法地开展活动。

第3条 本协会的宗旨

成为本行业具有国际先进水平的科学研究基地,培养造就高级科技人才的基地,促进本行业高技术产业发展的基地,成为本行业具有"一流的人才、一流的成果、一流的管理、一流的效益"的科研机构。……

第4条 本协会的方针

面向本集团战略需求,面向本行业世界科技前沿,加强原始科学创新,加强核心技术、关键技术创新与系统集成,攀登本行业世界科技高峰,不断为社会发展和文明进步作出贡献。

第5条 本协会的的主要职责

(一)主要从事基础研究、应用研究,重点解决本行业中的基础性、应用性、核心性重大科技问题,发挥在本行业中的骨干引领与示范带动作用，提高自主创新能力。

（二）坚持以科研为中心，科研与培训并举，出成果与出人才并重，紧密结合科研工作，培养高级科技创新人才。

（三）为集团宏观决策提供咨询建议，对重大科技问题发表学术见解与评议。在本集团弘扬科学精神，倡导科学方法，传播科技知识，注重科学伦理，繁荣科学文化。

（四）广泛开展国内外科技合作与交流，成为本行业具有重要影响的科研机构和研究基地。

……

第2章　领导体制（略）

第3章　理事制度

第10条　理事的权利和义务

（一）有选举权和被选举权。

（二）对理事候选人和外籍理事候选人有推荐权。

（三）积极促进科学技术的研究、发展和应用，努力创新，作出成绩。

（四）提倡科学道德，维护科学精神，发扬优良学风，普及科学知识，起到表率作用。

（五）积极培养人才，推动科学技术队伍建设。

（六）对集团科学技术重大问题的决策提出建议。

（七）参加理事会议，承担协会组织的咨询、评议任务。

（八）积极推动科学技术领域的国际交流与合作。

......

第4章　　组织管理（略）

第5章　　科技管理（略）

第6章　　人力资源开发与管理（略）

第7章　　资产与财务管理（略）

第8章　　附则

第34条　本章程如有与国家法律、法规抵触之处，按国家有关法律、法规执行并按程序及时修改。集团及集团所属单位制定的各项规定和管理制度与本章程相抵触的，以本章程为准，并根据本章程修订。

第35条　本章程经集团科学技术部通过并发布后生效，解释权和修改权属集团科学技术部。

第二章　财经文书

第一节　意向书

一、意向书的含义和特点

意向书，是指当事人各方表达共同意图和目的的文书。

在经济活动中，发生经济贸易关系的当事人各方在初次洽谈某个合作项目时，常常采用意向书来表达合作的意愿，为进一步洽谈成功奠定基础。意向书实际上是协议书或合同的先导，具有备忘录的作用，各国之间的合作常常采用备忘录的形式。

意向书具有初始性的特点。它是当事人各方在初步洽谈中达成一致性意见并且明确表达出来的文书。它表达的还只是当事人的初步意向。意向书虽然只是表达初步意向，但是对当事人各方合作的基本条件和重要内容，在各方达成一致的基础上，也应该尽量予以明确体现。由于是初步意向，因此意向书一般不具有法律效力，但是具有信誉约束力，一旦签定，就应当尽量付诸实施。

二、意向书的写作

结构一般包括标题、正文和落款等部分。

（一）标题

可以只写文种《意向书》。也可以由事由（合作项目）+文种构成，例如《合资成立××公司意向书》。

(二) 正文

包括开头和主体等部分。

1. 开头

交代当事人各方的合作项目, 合作的原因和目的, 洽谈的基本情况以及洽谈的时间、地点等。

2. 主体

一般以条文式结构陈述当事人各方在原则上取得的一致的合作意向, 各方的权利和义务, 各方进一步洽谈的时间、地点, 意向书的份数、归属等。

(三) 落款

写明当事人各方的单位名称和代表姓名以及签定的日期等。

【例文】

合作经营××制品意向书

中国××市××工业公司(以下简称甲方), ××国××公司(以下简称乙方), 双方根据《中华人民共和国中外合资经营企业法》《外商投资法》和中国的其他有关法律、法规, 本着平等互利的原则, 通过友好协商, 一致同意在××市共同投资兴办合资企业, 生产销售××制品。双方达成如下意向:

一、名称和地址

合资企业的名称为"××市××有限公司", 公司地址设在××市

××区××路××号。

二、生产经营的目的、范围和规模

1. 生产经营的目的

合资双方生产经营的目的是，加强经济合作，利用国际先进设备和技术，扩大对外贸易，使合资者获得满意的经济效益和社会效益。

2. 生产经营的范围

合资企业生产经营的范围是从事各种××制品的生产和销售。

3. 生产经营的规模

合资企业生产经营的规模为年产×吨××制品。项目达到生产能力后，年产值可达×美元，折合×元人民币；年利润×美元，折合×元人民币。

三、投资金额及分成比例

合资企业由双方投资兴建。公司总投资为×美元，流动资金为×美元。投资的比例甲方占×%，乙方占×%。

按投资比例分享利润并分担风险、亏损。

四、原料和产品销售

每年×吨××主要靠进口，由乙方负责采购。考虑到外汇平衡，合资企业可购买一部分国产××，由甲方负责采购。产品外销×%，内销×%，外销、内销均提取销售额的×%为手续费。

五、生产设备、技术和质量

合资双方一致同意，委托乙方提供从中国境外购买合资企业所需的主要生产设备、交通运输工具、设备部件和备件以及合资企业所需的设计、指导安装、试车、正常生产操作、工艺条件、产品质量标准、检测方法和设备维修等技术资料。设备应是技术先进的、质量可靠的,价格要为国外的优惠价。考虑到外汇平衡,部分设备如××机、××机、××机、空压机以及设备安装力量由甲方国内解决。

六、生产场地和公司房屋租赁

按照合资企业的生产规模、设备布局等实际需要,甲方提供生产场地和公司房屋租赁。公司房屋×平方米,每月每平方米×元租金。生产场地×平方米,每平方米×元。租赁的公司房屋和生产场地只有使用权,没有所有权。

七、合资企业的权限

合资企业的有效期为×年。

八、筹建和建设

合资企业双方抽调力量成立公司筹备组。筹备组由×人组成,甲方、乙方分别委派×名、×名,负责经营生产前的全部工作。筹备费列入投资,筹备组在公司经营生产之日办理移交手续。

九、合资企业组织机构采用董事会领导制,具体协议另订。

十、为加快建成速度,合资企业委托××市××区对外经济贸易公司承办可行性调查,议定合同书、协议书,呈送项目审批,办理进出口手续等工作。

十一、双方应于×年内在×地进一步洽谈合作事宜。

十二、本意向书1式×份,分送有关部门及当事人双方自留。

甲方：中国××市××工业公司（盖章）

代表：×××（签字）

电话：（略）

乙方：××国××公司（盖章）

代表：×××（签字）

电话：（略）

×年×月×日

第二节 协议书

一、协议书的含义和特点

协议书，是指当事人各方就有关经济问题或其他事务的某些问题的要点、原则经过协商达成一致性的意见而签订的文书。

协议书具有灵活性的特点。协议书的使用比较灵活，不宜签订合同的合作形式，只要各方当事人协商同意均可签订协议书。协议书对合作的内容、条件、要求等一般只作粗线条的约定，详细内容经过充分协商以后签订正式的合同。协议书内容的安排、条款的详略等完全由各方当事人协商议定。

二、协议书的种类

按照作用，协议书可以分为三类。

（一）意向式协议书

制作于正式合同之前，为正式签订合同提供依据和参考，是签订合同的前奏、序曲。它为正式签订合同作准备，起意向书的作用。

（二）补充、修订式协议书

制作于正式合同之后，补充、修订合同条款内容的不足，是合同签订后的尾声。它补充、修订合同条款，起合同的作用。

（三）合同式协议书

凡是在《中华人民共和国合同法》规定的各种合同形式以外的合作形式，都可以用协议书的形式来表现。它具有与合同相同的法律效力。

三、协议书的写作

结构一般包括标题、当事人名称、正文、落款等部分。

（一）标题

可以只写文种《协议书》。也可以由事由（合作项目）+文种构成，例如《就业协议书》。

（二）当事人名称

在标题左下方，并列写上签订协议书的各方当事人的名称，并且分别在各方后面用括号注明"甲方""乙方"等。

（三）正文

开头交代各方签订协议书的目的和依据等。

主体陈述当事人各方所议定的事项，主要包括以下内容：

1. 完成的项目

2. 达到的要求

3. 完成的时间

4. 支付的报酬

5. 各自的权利和义务

6. 违约责任

结尾写明争执的处理办法，协议书的修改办法以及份数、归属等。

相关材料附在后面，写明附件的名称和份数。

（四）落款

注明签订协议书的各方当事人的名称、代表姓名和签订日期等。

【例文】

协议书

××汽车公司(以下简称甲方)

××汽车配件公司(以下简称乙方)

为了提高生产效率,发展汽车业务,经过友好协商,双方决定进行合作,特签订本协议书。

一、项目的名称

××汽车××配件,共×件。

二、项目的要求

甲方需要××汽车××配件,由乙方负责生产,具体尺寸和质量要求等见附件。

三、完成的时间

乙方分×年完成××汽车××配件并交给甲方。第1年不少于×件,第2年不少于×件,第3年不少于×件。……

四、支付的报酬

甲方按照每件合格品×元向乙方支付报酬,甲方应在收到乙方配件并验收合格后×天内向乙方支付报酬。

五、权利和义务

(一)甲方权利

甲方有权利要求乙方按照协议书内容在规定的时间内生产符合数量和质量要求的××汽车××配件并交给甲方，有权利按照协议书内容获得合格的××汽车××配件，拒绝接受不合格的××汽车××配件。……

（二）甲方义务

甲方有义务向乙方支付乙方在规定的时间内生产的符合数量和质量要求的××汽车××配件报酬。……

（三）乙方权利（略）

（四）乙方义务（略）

六、违约责任

（一）甲方责任

如果乙方在协议书规定的时间内生产出符合甲方数量、质量要求的配件，那么甲方不得拒收，否则甲方应向乙方赔偿报酬×%的违约金。……

（二）乙方责任

如果乙方没有在协议书规定的时间内生产出符合甲方数量、质量要求的配件，那么乙方应向甲方赔偿报酬×%的违约金。……

双方履行协议过程中如发生争执协商不成的，可提交仲裁机关进行仲裁。

协议未尽事宜经双方协商同意后可以补充。

本协议1式4份，双方及其上级主管部门各1份。

附件：

××汽车××配件尺寸和质量要求一览表（略）

甲方：××汽车公司（盖章）

地址：××省××市××区××路××号

代表人：×××（签名）

电话：(0××)×××××××

乙方：××汽车配件公司（盖章）

地址：××省××市××区××路××号

代表人：×××（签名）

电话：(0××)×××××××

×年×月×日

第三节　合同

一、合同的含义和作用

合同，是指当事人之间产生、变更、终止民事权利和义务关系的协议文书。

合同的当事人包括自然人、法人和其他单位，是平等的民事主体。合同的本质，是当事人之间通过自由协商，决定他们相互之间的权利和义务关系，并且根据他们的意志调整他们相互之间的关系。

合同对于保护当事人的合法权益，维护社会经济秩序，促进社会主义现代化建设，都具有重要作用。

《中华人民共和国合同法》由中华人民共和国第九届全国人民代表大会第二次会议于1999年3月15日通过，以第九届中华人民共和国主席令第十五号形式发布，从1999年10月1日起实施。其附则规定《中华人民共和国经济合同法》《中华人民共和国涉外经济合同法》《中华人民共和国技术合同法》同时废止。

二、合同的种类

（一）从内容上分

1999年10月1日起实施的《中华人民共和国合同法》按照内容把合同规定为15种，即买卖合同，供用电、水、气、热力合同，赠与合同，借款合同，租赁合同，融资租赁合同，承揽合同，建设工程合同，运输合同，技术合同，保管合同，仓储合同，委托合同，行纪合同，居间合同。

(二) 从形式上分

从形式上, 合同可以分为书面合同、口头合同和其他合同。

书面合同是指合同书、信件以及数据电文 (包括电报、电传、传真、电子数据交换和电子邮件) 等可以有形地表现所载内容的形式。书面合同常见的有以下几种: 文字叙述合同, 表格合同, 车票、保险单等合同凭证, 合同确认书, 定式合同。

三、合同的特点

合同的特点可以概括为: 合法性, 合意性。

(一) 合法性

《中华人民共和国合同法》作为调整平等民事主体之间的交易关系的法律, 规定合同的订立, 合同的有效或无效, 合同的履行、变更、解除、保全, 违反合同的责任等问题, 是民法的重要组成部分。合同的订立和履行, 是当事人受到法律保护和监督的法律行为。合同的订立只有符合法律、法规的要求, 才具有法律约束力, 才能受到法律的保护。当事人任何一方不履行合同, 都要承担由此引起的法律后果。

(二) 合意性

《中华人民共和国合同法》以平等主体之间的合意为出发点, 合同的订立和执行应该遵守合同自由原则、公平正义原则和诚实信用原则等。合同必须是在平等、自愿的基础上订立的, 必须符合当事人各方的意志。订立合同的目的是为了设立、变更或终止债权、债务关系, 为了实现各自的利益。合同的内容必须是两个及以上当事人互相协商达成的一致性意见。超越他人之上签订的合同, 强迫他人签订的合同, 都存在被撤销的可能。

四、合同的写作

结构一般包括标题、编号、当事人名称、正文、附件、落款等。

(一) 标题

写明合同的性质和文种, 例如《买卖合同》《仓储合同》《铁路货物运输合同》。

(二) 编号

在标题的右下方, 写上合同编号, 以便于管理和查阅。

(三) 当事人名称

当事人名称, 是签订合同的各方的名称, 要写全称。为了表达方便, 一般依据合同内容称"借方""贷方", "供方""需方", "承租方""出租方", 或规定"甲方""乙方"等, 外面加上括号。

(四) 正文

可以分为开头、主体和结尾三个部分。

1. 开头

写明签订合同的目的或依据。各方当事人签订合同的目的要明确, 依据必须是《中华人民共和国合同法》及有关政策、规定。常常写作"根据××有关规定, 经双方协商一致, 签订本合同。主要条款如下"等。

2. 主体

阐述协议的主要条款。一般包括：标的，数量和质量，价款或报酬，履行的期限、地点和方式，违约责任，合同的变更、解除、争议和仲裁等。

(1) 标的

标的，是合同当事人各方权利和义务共同指向的对象。合同必须写明标的名称，以确定当事人的权利和义务。标的不明确或没有标的，合同就无法履行。

标的可以分为有形物、无形财产和经济行为等。有形物是能够被人类控制和支配的生产、使用、占有和交易的物质，包括自然财富和人类劳动的产品、固定充当一般等价物的货币和有价证券等。无形财产是人类智力劳动的成果。经济行为是合同主体为达到一定的经济目的所进行的活动，包括完成一定的工作、提供一定的劳务等。

(2) 数量和质量

数量是衡量标的多少的指标和确定权利与义务大小的尺度。数量规定要准确，计量单位要明确，有些产品应当注明合理磅差、正负尾数、自然增减的单位和计量方法，否则发生纠纷难以分清责任。

质量是区别标的具体特征以及检验标的内在素质和外观形态优劣程度的标准。产品质量要求，包括物理或机械性能、化学性能、使用特性、性能指标、工艺要求、卫生和安全要求等。要明确规定双方协议的具体标准和检验方法，以减少纠纷的发生。

(3) 价款或报酬

价款是取得标的的一方当事人向另一方当事人支付的以货币表示的代价, 报酬是取得劳务的一方当事人向另一方当事人支付的货币。除了以物易物或劳务交换以外, 合同一般都要详细、具体地写明价款或报酬的计算标准、结算方式或付款程序。除了法律另有规定以外, 必须用人民币支付; 在签订对外贸易合同时, 要注意写明使用什么货币支付。除了国家允许使用现金支付以外, 必须通过银行转账结算。如果价格有变动, 合同中也要写明, 否则临时协商解决。

(4) 履行的期限、地点和方式

履行期限是当事人交付标的和支付价款或报酬的时间界限。明确期限有利于当事人合理安排生产和工作, 分清责任, 按时完成任务。

履行地点是当事人各方提交标的的地方。

履行方式是支付标的的手段。包括包装要求、费用承担、交货方式、运输负担等。

(5) 违约责任

违约责任是当事人一方不按照合同规定履行义务时的制裁措施, 包括经济责任和法律责任。违约责任包括违约金、赔偿金和其他制裁方法。

不可抗力事件一般不能视为违约行为, 它不是由于当事人任何一方的过失, 而是由于发生了当事人无力事先采取预防措施的意外事件, 以致无法履行合同。不可抗力事件包括两种情况: 一是社会力量引起的, 例如政府禁令、战争等; 二是自然力量引起的, 例如地震、水旱灾害、风暴等。合同中应该写明不可抗力事件的范围。

(6) 合同的变更、解除、争议和仲裁

应当写明合同变更、解除、争议和仲裁的条件。如果当事人一方感到合同有不完善或不合理的地方,在征得另一方当事人的同意后可以变更合同。如果当事人一方违反合同,以致严重影响订立合同所期望的经济利益时,另一方就可以根据有关规定,通知对方解除此项合同。合同当事人如果发生争议,就可以到有关仲裁机关提起诉讼。

3. 结尾

写明合同的生效时间,合同的文字形式及份数,合同签订的时间和地点,合同的补充办法等。

(五) 附件

如果有相关的文书、表格、图纸或实物样品等,可以附在合同后面,在这里注明附件的名称和件数。

(六) 落款

1. 署名

写明签订合同的当事人各自的单位名称全称,单位地址、法定代表人姓名或委托代理人姓名、电话号码、开户银行、账号等。

合同如果需要审核或鉴 (公) 证,还应当写明审核机关或鉴 (公) 证机关的全称,并且加盖公章。

2. 日期

注明签订合同的日期。

注意各条款要尽量明确,以免发生纠纷。

【例文】

买卖合同

买方:××市百货公司(以下简称甲方)

卖方:××服装公司(以下简称乙方)

根据《中华人民共和国合同法》和本市有关规定,甲乙双方经充分协商,特签订本合同,以便共同遵守。

一、产品的名称、品种、规格

1. 产品的名称为婚纱礼服。

2. 男式西服、女式套裙,按照身高各分为不同型号。

二、产品的数量和质量

1. 男式西服、女式套裙各×套,分×年交清。

2. 产品的质量参照有关标准,将婚纱礼服分为高、中、低档。

三、价款

男式西服、女式套裙高档每套各×元,中档每套各×元,低档每套各×元。乙方交货的同时,甲方将货款打入乙方账户。

四、履行的期限、地点和方式

1. 产品由乙方包装,外包装用纸箱,每箱×套;内包装用塑料袋,每袋×套;中包装也用纸箱,每箱×套。

2. 产品由甲方到乙方仓库提货, 自行运输, 运费自理。……

五、违约责任

（一）甲方责任

1. 对于符合合同规定要求的产品, 甲方拒收或中途退货, 应向乙方偿付拒收或退货部分货款×％的违约金。

2. 甲方自提产品未按合同规定的日期提货的, 应比照中国人民银行有关延期付款的规定, 按逾期提货部分货款总值计算, 向乙方偿付逾期提货的违约金, 并承担乙方实际支付的代为保管、保养的费用。

3. 甲方逾期付款的, 应按中国人民银行有关延期付款的规定向乙方偿付逾期付款的违约金。

……

六、合同的变更、解除、争议和仲裁

1. 本合同如发生纠纷, 当事人双方应当及时协商解决, 协商不成时, 任何一方均可请业务主管机关调解或者向仲裁委员会申请仲裁, 也可以直接向人民法院起诉。

2. 本合同自×年×月×日起生效, 合同执行期内, 甲乙双方均不得随意变更或解除合同。合同如有未尽事宜, 须经双方共同协商, 作出补充规定, 补充规定与合同具有同等效力。

本合同正本1式2份, 甲乙双方各执1份; 合同副本1式2份, 分送甲乙双方的主管部门各留存1份。

买方（甲方）：××市百货公司（盖章）

法定代表人：×××　（签名）

地址：××市××路××号

开户银行：中国××银行××市分行××支行

账号：×××××××××××××××××

电话：（0××）××××××××

卖方（乙方）：××服装公司（盖章）

法定代表人：×××　（签名）

地址：××市××路××号

开户银行：中国××银行××市分行××支行

账号：×××××××××××××××××

电话：（0××）××××××××

×年×月×日

第四节　仲裁申请书

一、仲裁申请书的含义和作用

仲裁申请书，是当事人根据仲裁协议将已经发生的争议提请仲裁机构仲裁以保护自身合法权益的书面请求文书。

仲裁申请书是仲裁机构受理案件、审理案件的凭据，也是被诉人应诉答辩的根据。

二、仲裁申请书的写作

结构一般包括标题、称谓、正文、附件和落款等部分。

（一）标题

一般就写文种《仲裁申请书》。

（二）称谓

写接受申请的仲裁机构的名称。

（三）正文

包括当事人基本情况、案由、请求事项、事实与理由、结语等。

1. 当事人基本情况

包括申请人和被诉人的名称、地址，代理人姓名、单位、地址等。

2. 案由

简要说明争议案件的性质等。

3. 请求事项

说明要求仲裁机构裁决的具体问题，例如确认协议无效、支付违约金、赔偿损失等。

4.事实与理由

简明扼要地说明协议内容、争议情况、索赔经过和具体理由等。这是仲裁申请书的主要内容,它不仅是申请人提请仲裁的主要依据,而且是仲裁机构进行裁决的主要依据。要条理清楚,主次分明,言简意赅,重点突出,有理有据,实事求是。

结尾提请申诉,指定仲裁员,提出索赔和仲裁手续费等方面的要求。要明确、具体。

5.结语

请求仲裁机构受理、裁决。写明"以上申请,请仲裁委员会受理审议""请仲裁委员会审议并作出公正裁决"等。

(四)附件

注明有关文件的名称和数量。附件包括协议书、合同、有关证明书等。

(五)落款

注明申请人姓名和申请日期。

【例文】

仲裁申请书

××仲裁委员会:

申请人:中国××进出口公司

地　址：中国××省××市××路××号

被诉人：×国×公司

地　址：×国××市××路××号

　　申请人于×年×月×日与×国×公司（被诉人）签订第×号合约（见附件1），订购××原料×吨。该批××原料装××轮于×年×月×日抵××港，实际到货×吨，价值×美元。

　　货到后，经××商品检验局抽样检查的检验证明显示，该×吨××原料有×％的杂质，与对方宣称的质量差别较大，即使加工后也不能使用（见附件2）。

　　申请人于×年×月×日去函给×国×公司提出保留索赔权（见附件3），又于×年×月×日去函将有关商检证明寄给该公司，并提出索赔（见附件4）。

　　×年×月×日，×公司××先生来我公司洽商索赔事宜。双方共同察看了××原料的外观情况，并请××先生一起对××原料的质量又一次作了检验。××先生当场承认了我们所提出的该商品的质量问题，但对我们的检验手段提出异议，要求带××原料样品回国检验。事至今日已逾×月，×公司并未将检验结果告知我方。在此期间，我方曾于×年×月×日、×年×月×日、×年×月×日连续去电去函催促（见附件5、6、7），对方均未作答复。据此，我方又于×年×月×日去函再次提出索赔（见附件8）。但×公司竟不遵守合约规定，来函矢口否认××原料质量问题，拒绝赔偿（见附件9）。

在这种情况下，我方不得不向贵仲裁委员会提出申诉。

仲裁员拟请仲裁委员会主任代为指定。

仲裁手续费预付人民币×元，另行汇上。

索赔清单：

合约×号项下××原料成本，×吨，计×美元；

银行利息，月息×厘，按×月计算，计×美元；

仓储费，×吨，×平方米，计×美元；

海运费，计×美元；

检验费，计×美元。

共计×美元。

以上申请，谨请贵委员会早日开庭审理。

附件：

　　1. 合约影印件1份

　　2. 商检证明影印件1份

　　······

中国××进出口公司

×年×月×日

第五节 项目建议书

一、项目建议书的含义和特点

项目建议书,是指企事业单位就有关项目所提建议、方案的缘由、依据、内容、实行方法等呈报给上级主管部门以求审批的文书。

项目建议书具有报请性的特点。它既有报告的任务,又有请示的目的。它主要通过对所报项目的性质、任务、预期目标、必要性和可能性、工作计划与方法、步骤等内容的详细汇报达到请示 (要求上级审核批准) 的目的。

二、项目建议书的写作

结构一般包括标题、正文、附件、落款等部分。

(一) 标题

一般采用公文式标题。

1. 完全性标题

由单位名称+事由+文种构成,例如《××集团关于建立××公司的项目建议书》。

2. 省略性标题

由事由+文种构成,例如《关于兴建××工程的项目建议书》。

(二) 正文

全面介绍所报项目的各个方面的有关内容,项目涉及的内容广

泛, 主要包括:

1. 申请单位

2. 企业性质

3. 经济形式

4. 项目名称

5. 项目性质 (新建、翻建、扩建、迁建等)

6. 经营方式 (自营、联营)

7. 经营范围

8. 建设规模 (产品名称、产量、产值、建筑面积、投资金额等)

9. 建设地点

10. 环境保护

11. 主要协作条件

12. 组织实施意见

13. 必要性和可能性分析

14. 经济效益及社会效益分析

15. 进度安排

16. 项目负责人

17. 联系人

正文通常采用分条列款的形式, 也可以采用表格的形式按项填写。表达方式主要用说明。在介绍情况、叙述过程的时候, 也常常运用概括叙述的方法。总之, 要思路周密、内容完备、条理清晰、措辞准确、讲究实际。

（三）附件

注明附件的名称和件数。附件附在项目建议书的后面。项目建议书常常带有以下附件：意向书、市场调研资料、外出考察计划。

（四）落款

注明呈报单位名称和时间。

【例文】

××中成药生产项目建议书

××局：

××病患者数量居高不下并有逐年增加的趋势，西医治疗方法难以收到明显的效果，传统的中医治疗方法有一定的效果但是需要进一步提高。××中成药对治疗××病效果较好，市场需求量很大，患者希望××中成药增加产量，提高质量，满足市场需求。

××中成药市场需求量大，需要不断提高质量，增加产量。本地有丰富的天然××草药，是××中成药的主要成分，产量高，品质好，原料充足。产品加工所需场地不太大，技术不太复杂，设备投资不太大，容易形成规模生产。

一、项目名称

年产×吨××中成药生产项目。

二、项目内容

新增一条年产×吨××中成药生产线。

三、项目总投资

×元，其中固定资产×元，流动资产×元。

四、合作方式

中外合作经营。

五、需要外方投资方式

资金投资。

六、效益分析及投资回收期

新项目投产后，大约总成本×元，年销售收入×元，年税费×元，年利润×元，公共积累×元。

投资回收期大约为×年。

七、我方合作单位现状

（一）所有制形式

股份制有限责任公司。

（二）基础设施

占地×平方米，建筑面积×平方米。

（三）固定资产

×元。

（四）上年度销售收入

营业额×元，利润×元。

八、公司规模

20××年产值×元，利税×元。根据市场需求情况，结合××公司实际，建设新生产线规模为年产××中成药×吨，产值×元。

九、公司条件

本公司是一家专业的制药企业，经过×年的发展，已经形成了一定的规模，是知名的制药企业。公司有比较雄厚的科研和技术队伍，具备较强的研发能力和生产能力。……

十、主要设备（略）

十一、技术来源和劳动力来源（略）

十二、进度安排（略）

十三、需要资金及资金来源（略）

十四、效益和还贷计划（略）

十五、项目负责人

×××，电话：×××××××××。

十六、联系人

×××，电话：×××××××××。

××制药公司

×年×月×日

第六节　可行性研究报告

一、可行性研究报告的含义和特点

可行性研究报告，是指在制订某一建设或科研项目的开发计划之前，全面分析、论证该项目实施的可行性和有效性，为投资决策提供依据的文书。

可行性研究报告具有前瞻性和可证性的特点。

(一) 前瞻性

可行性研究报告要在综合前人成果的基础上，详细地分析、周密地研究、科学地预测拟建项目的可行性和有效性。这一系列活动都必须建立在科学的基础上。运用的数据要在调查研究的基础上得出，具体的分析要运用相关的科学技术和经济学原理，在说明项目的可行性时所依据的理论和原理要科学。

(二) 可证性

可行性研究报告要在科学预测的基础上，对拟建项目的可行性和有效性进行充分论证。只有这样，才真实可信，才能得到上级主管部门的批准。在论证拟建项目技术上和经济上的可行性和有效性时，运用的方法要科学。

二、可行性研究报告的作用

可行性研究报告的作用，一是帮助决策，二是提供依据。

(一) 帮助决策

可行性研究报告可以帮助有关部门进行科学决策。一切大、中型项目和重要建设项目在编报设计任务之前，都必须进行可行性研究，否则上级不予批准。通过可行性研究报告，国家有关主管部门可以正确决定是否审批该项目，控制好国家建设资金的流向，加强国家对建设项目的宏观调控，避免或减少决策失误。通过可行性研究报告，企事业单位才能正确决定某一项目是否应该实施、什么时候实施以及怎样实施等问题，从而提高资金利用率和经济效益。

(二) 提供依据

可行性研究报告为有关部门的工作提供重要依据。可行性研究报告不仅是计划管理部门批准的依据，也是银行贷款和证券部门募股的依据，还是有关部门编制计划和设计项目的依据。如果没有可行性研究报告，就无法审批管理，无法贷款和募股，无法编制计划和设计项目。有了可行性研究报告，这些工作才能顺利完成。

三、可行性研究报告的内容

(一) 投资可行性研究

投资可行性研究是对投资机会进行鉴定，是可行性研究的低级阶段。其重点是对建设项目进行初步分析。通过对自然资源、原料来源、市场需求、项目规模、投资效益、交通位置等进行调查和分析，对投资项目的发展机会和发展潜力作出评价、提出建议，寻找投资机会，决定是否进行投资以及是否进行更加详细的研究。

(二) 技术可行性研究

技术可行性研究是对技术、经济进行预测，是可行性研究的高级阶段。其主要任务是对拟建项目的各个方面，包括市场需求、生产规模、产品选择、工艺技术、厂址选择、投资总额、建设周期、人员组成等进行全面、深入的技术、经济分析，提供准确的技术、经济数据，提出完备的实施方案，从而为项目决策提供可靠的技术和经济依据。

四、可行性研究报告的写作

结构一般包括标题、正文、附件、落款等部分。

（一）标题

1. 完全性标题

由项目主办单位+事由（项目内容）+文种组成，例如《××公司技术改造可行性研究报告》。

2. 省略性标题

由事由（项目内容）+文种组成，例如《建设××科技园区可行性研究报告》。

（二）正文

可以分为总论、主体和结论三个部分。

1. 总论

简要地说明项目提出的背景，项目的历史和现状，投资的必要性、可能性和重要性，研究工作的依据、范围、方法、过程和结果等。

2. 主体

对项目的各个方面从经济上和技术上进行可行性分析和论证。既要全面、细致地深入分析，又要突出重点、难点，并且提出有效的办法和措施。要求事实充分、数据准确、分析深入、论证有力。

主体部分包括以下内容:

(1) 需求预测和拟建规模

(2) 资源、原材料、燃料以及公用设施情况

(3) 建设条件和选址方案

(4) 设计方案

(5) 环境保护、劳动保护和安全防护

(6) 企业组织、劳动定员和人员培训

(7) 工程实施进度

(8) 投资估算和资金筹措

(9) 经济效益和社会效益

(10) 最佳方案选择

3. 结论

提出投资少、建设快、成本低、利润大、效益好的建设方案，并以科学的数据表明结论、意见。

(三) 附件

注明附件的名称和件数。附件附在报告的后面。

(四) 落款

写上报告者名称和报告定稿日期。

【例文】
××科技公司技术改造的可行性研究报告

一、××科技公司情况

××科技公司现有职工×人，占地面积×平方米，固定资产原值×元，是国内同行业中规模较大的公司之一。现在平均每年研发软件×种左右，总产量及利润总额分别占全国同行业总数的×%和×%。

目前，该企业主要存在以下问题：

（一）研发能力较低，难以满足市场需求

根据市场预测，该行业软件需求量将逐年增加，×年后，需求量比目前增加1倍，而该公司产品产量却难以提高，质量难以满足客户需要。其主要原因是：

1. 技术落后（略）

2. 公司内研发场地过于狭窄（略）

3. 设备过于陈旧，经常出现故障（略）

（二）产品质量有待提高（略）

二、技术改造方案

（一）技术改造的总体方案

1. 研发新品种

产品性能、质量基本上达到国内同行业先进水平，使用寿命达到×年左右。

2. 研发目标

到20××年,软件研发年产量达到×件左右。

3. 研发技术

组建规划处,充实设计处、研发处、检测处,引进先进技术、设备,建立研究试验基地。

(二)技术改造项目构成

1. 引进人才

充实人才队伍,引进人才×人,其中×%为国内外重点大学、研究院培养的人才。

2. 翻建厂房

拆除原破旧公司厂房×平方米,然后翻建成×层楼房,净增建筑面积×平方米。

3. 添置设备

购置设备×台,其中引进设备×台。

……

(三)技术和设备(略)

(四)"三废"治理措施(略)

(五)生产组织、劳动定员及人员培训计划(略)

(六)建设工期

1. 勘测设计

20××年×月~20××年×月。

2. 旧厂房搬迁拆除

20××年×月~20××年×月。

3. 翻建新楼房

20××年×月~20××年×月。

......

三、投资估算与成本估算（略）

四、财务评价（略）

附件：

1. 引进人才一览表

2. 翻建厂房一览表

3. 新增设备一览表

......

×××

×年×月×日

第七节　经济预测报告

一、经济预测报告的含义和特点

经济预测报告，是指对未来的经济状况和发展趋势作出评估和预测的文书。

经济预测报告的重要特点是前瞻性。它根据过去和现在的状况推断未来经济发展、变化的趋势和规律。推断所依据的前提，一是过去经济发展、变化的客观过程及其规律，二是当前经济已经出现或者正在出现的可能性。经济的发展、变化会出现某些征兆，抓住这些征兆，就能预见经济发展、变化的方向、趋势和规律。经济预测报告就是要对未来的经济状况、趋势、性质、数量等作出准确的推断和描述。

二、经济预测报告的作用

经济预测报告起着提供参考依据和指导经济生活的作用。

(一) 提供参考依据

经济决策和计划是否科学、可行，关键在于是否具有预见性。经济预测报告根据过去和现在经济发展、变化的客观过程和规律，参照已经出现的可能性，经过科学的预测，推断今后发展、变化的趋势和可能达到的水平，为有关部门进行经济决策，制订经济计划提供重要的参考依据。

(二) 指导经济生活

经济预测报告可以指导人们的经济生活。经济预测报告通过科学的预测,在一定程度上反映了人们的现实或潜在需求,揭示了经济发展、变化的客观规律,从而在正确地引导人们进行物质生产、调节商品流通、组织物资供应等方面发挥积极的作用,能够促进经济生活协调、健康地发展。

三、经济预测的程序

(一) 确定预测目标

要进行经济预测,必须首先确定预测目标。如果不确定预测目标,经济预测就无法进行。只有明确预测目标,才能确定收集什么材料、怎样收集材料,才能采取科学的预测方法,使预测工作少走弯路。确定预测目标要紧密结合自身情况,从总体上、宏观上考虑。确定预测目标包括:为什么进行预测,要解决什么问题,预测对象是什么,预测期限有多长,牵扯的因素有哪些,涉及的范围有多广等。

(二) 收集预测资料

资料是预测的基础,如果资料丰富、详实、可靠,就能保证预测在一定程度上的正确性。如果缺乏资料,就很难保证预测的科学性。收集资料要围绕预测目标,全面、系统地收集各种历史的和现实的、宏观的和微观的、内部的和外部的、直接的和间接的数据和资料,了解事物发展、变化的前因后果,抓住事物的本质属性和客观规律。

(三) 进行科学预测

在确定预测目标和范围、获取大量真实而可靠的资料以后, 还必须进行科学预测。要考虑到各种影响因素, 全面、系统、客观地进行预测。要有前瞻性, 用动态的眼光来看待事物。进行科学预测, 离不开科学的预测方法。

四、预测的方法

常用的科学的预测方法有: 定性预测法、定量预测法、目标预测法、专家预测法、类比预测法、因果预测法等。

(一) 定性预测法

即通过分析预测对象的属性、组成要素等直观材料, 依靠人的经验和感觉进行思维和判断, 来推断预测对象的未来。它要求具有比较丰富的经验, 较强的分析、判断能力和把握事物本质的能力。

(二) 定量预测法

即在掌握大量统计资料的基础上, 对影响事物变化的各种因素进行数量分析和测算, 通过计算和图解的方式, 预测事物未来的发展趋势。这是一种数学预测法、统计分析法。它要求掌握足够的数据, 客观地进行预测。

(三) 目标预测法

即根据社会的未来需要和目标、价值、条件限制等因素, 对预测对象未来发展的可能性和可行性进行分析。它要求有明确的目标, 判断预测对象合理的发展方向, 以及实现这一目标应该采取的措施和手段。

(四) 专家预测法

即选择一定数量的专家，用系统的程序，采取匿名的方式反复进行分析预测，轮番征询不同专家的意见，求同存异，从而得出可信的预测结果。

(五) 类比预测法

即通过对共同因素的归纳和类似现象的研究来预测未来的发展趋势。

(六) 因果预测法

即根据因果关系，从已知事物的发展、变化趋向，来推断、预测目标的未来发展趋向。

五、经济预测报告的写作

结构一般包括标题、正文、附件、落款等部分。

(一) 标题

1. 单标题

(1) 公文式标题

由时间+地区+对象+文种构成，例如《20××年西部国有企业经济发展趋势预测》。也可以由对象+文种构成，例如《财政发展预测》。

(2) 论文式标题

揭示预测报告的具体内容或范围，例如《国际国内形势对我公司经济的影响》。

2. 双标题

由正题和副题构成。正题采用论文式标题，揭示预测报告的主旨，例如《人工智能技术对我国经济的影响》。副题进一步揭示预测报告的具体内容或范围，例如《20××年我国工业企业经济发展趋势预测》。

（二）正文

1. 概况

交代预测对象的概况，包括历史和现状。

2. 分析预测

要对大量的资料、数据进行综合、分析、判断、推理，预测经济发展、变化的趋势和规律。要经过科学的计算和分析，推断出未来经济发展的前景。分析论证要有理有据，判断推理要符合逻辑。

3. 结论

在分析、预测的基础上，得出科学的结论。同时，在基本结论的基础上，提出具体的建议和意见。

（三）附件

注明附件的名称和件数。附件附在报告的后面。

（四）落款

注明作者和日期。如果标题下面已经写了作者，这里就省略。

【例文】

20××年××公司经济预测报告

一、国际国内经济概况

20××年，全球国民生产总值×元，比上年增长×%；人均国民生产总值×元，比上年增长×%。全球实现利税×元，比上年增长×%。其中，全球国有企业国民生产总值×元，比上年增长×%。民营企业国民生产总值×元，比上年增长×%。外资企业国民生产总值×元，比上年增长×%。

20××年全球经济将继续增长，预计全年国民经济增长率为×%左右。预计20××年全球第一产业增加值增长率为×%，第二产业为×%，第三产业为×%。消费、投资和进出口贸易对国民生产总值增长的拉动分别为×%、×%和×%。

20××年，中国国民生产总值×元，比上年增长×%；人均国民生产总值×元，比上年增长×%。中国实现利税×元，比上年增长×%。其中，国有企业国民生产总值×元，比上年增长×%。民营企业国民生产总值×元，比上年增长×%。外资企业国民生产总值×元，比上年增长×%。

20××年中国经济将继续稳定增长，预计全年国民经济增长率为×%左右。预计20××年中国第一产业增加值增长率为×%，第二产业为×%，第三产业为×%。消费、投资和进出口贸易对国民生产总值增长的拉动分别为×%、×%和×%。

二、20××年本公司经济发展的预测

20××年，本公司工业生产总值为×元，比上年增长×%；人均国民生产总值×元，比上年增长×%。实现利税×元，比上年增长×%。人均收入×元，比上年增长×%。

受国际、国内经济形势的影响，20××年本公司的经济将继续稳定增长，预计：本公司工业生产总值×元，比上年增长×%；人均国民生产总值×元，比上年增长×%。实现利税×元，比上年增长×%。人均收入×元，比上年增长×%。

主要根据如下：

（一）职工队伍基本稳定

20××年，本公司的领导班子没有发生大的变动。领导班子基本稳定，能够保证本公司的经营理念、战略战术不会发生大的变化。

管理团队素质较高，不断学习，善于吸收国际、国内先进的管理经验，勇于创新，敢于实践。

科研队伍没有发生大的变动，老、中、青科技人员仍然保持梯队互补的态势，思路活跃，必将继续推陈出新。

技术工人技术熟练，注重生产效率，善于开动脑筋，经常搞些小发明、小创造，进行技术革新。

（二）拳头产品利润率高

本公司生产的拳头产品××处于国内技术领先水平，投入成本不太高，产品价格合适，市场销量大，利润丰厚，回报率高，在国际、国内市场上占有的份额分别为×%、×%，市场前景广阔。

今后,我们要继续提高对拳头产品××的技术研究,学习世界先进技术,不断增强拳头产品××的竞争力,争取在国际、国内市场上占有的份额越来越大。

(三)主要产品对路畅销

本公司生产的主要产品××也处于国内技术领先水平,投入成本不高,产品价格适中,市场畅销,利润可观,回报率高,在国内市场上占有的份额为×%。……

(四)配件产品产量饱和(略)

(五)销售形势令人鼓舞(略)

××公司计划处

×年×月×日

第八节　经济活动分析报告

一、经济活动分析报告的含义和特点

经济活动分析报告，是指以经济理论和经济政策为指导，根据计划指标、会计核算、统计材料和调查、研究所掌握的情况，对某一部门、某一单位的经济活动状况进行科学分析而写成的文书。

经济活动分析报告的重要特点是理论性。经济活动分析报告往往涉及的问题复杂、因素众多，因此写作者必须站在理论高度上，根据相关的经济政策和计划指标，对复杂的问题进行具体分析，找出关键性的东西，抓住主要的矛盾，解决重点问题，透过现象发现本质和规律并且加以描述，以点带面，指导未来的经济活动。要运用一系列经济理论和专门的经济分析方法，对经济活动进行调查、研究及统计、分析，并且加以概括、总结，上升到理论高度，不能只停留在就事论事层面。

二、经济活动分析报告的种类

经济活动分析报告从不同的角度可以分为不同的种类。

(一) 从内容上分

从内容上，经济活动分析报告可以分为统计分析报告、预测分析报告、市场分析报告、资金运动情况分析报告、税收执行情况分析报告、基本财务决算汇编分析报告等。

(二) 从性质上分

从性质上, 经济活动分析报告可以分为综合经济活动分析报告和专题经济活动分析报告。

(三) 从范围上分

从范围上, 经济活动分析报告可以分为宏观经济活动分析报告和微观经济活动分析报告。

(四) 从时间上分

从时间上, 经济活动分析报告可以分为定期经济活动分析报告和不定期经济活动分析报告。

三、经济活动分析报告的作用

经济活动分析报告的作用表现在以下两个方面:

(一) 管理、监督作用

经济活动分析报告有助于企业和政府经济职能部门发挥管理和监督作用。通过经济活动分析报告, 企业可以总结成绩和经验, 找出存在的问题, 分析其中的原因, 自觉地按照客观规律办事, 有效地控制生产经营, 提高管理水平, 增进经济效益。通过经济活动分析报告, 政府经济职能部门可以发现经济运行过程中出现的异常情况, 及时进行调控, 促进各部门各单位更好地贯彻执行国家的经济政策和财经制度, 保证国民经济健康发展。

(二) 依据、参考作用

经济活动分析报告可以为企业和政府经济职能部门制定经济决策提供依据和参考。企业通过经济活动分析报告, 可以把握经济活动的发展趋势, 预见市场变化, 正确地作出相应的决策, 掌握市场竞争的主动权。政府经济职能部门通过经济活动分析报告,可以了解基层情况,从实际出发,按照经济规律办事,制定正确的经济政策和经济计划。

四、经济活动的分析方法

对于经济活动的分析,我们可以采用以下方法:

(一)比较分析法

比较分析法,是把在同一基础上的时间、内容、项目、条件等具有可比性的数据资料进行比较分析,借以说明异同,并且分析原因,提出改进措施。

比较分析法着眼于发现矛盾,着重于数据和情况的比较。

采用比较分析法,可以从以下几个方面进行比较:

1. 比计划

比较本期的实际指标与计划指标,从而说明计划执行的情况,分析指标完成或未完成的主要原因,找出取得的成绩或存在的差距,总结其中的经验或教训。

2. 比历史

比较本期的实际指标与上期或上年同期的实际指标以及历史最高水平,从而分析企业经济活动的发展趋势,认识企业经济活动的变化规律,改进经营管理。

3. 比先进

比较本期的实际指标与客观条件相近的同类企业的先进指标,从而找出本单位存在的薄弱环节和差距,学习同类企业的先进经验, 赶超先进企业。

(二) 因素分析法

因素分析法, 是在对比分析的基础上, 进一步分析产生差距和问题的各种因素及其原因。

因素分析法着眼于探究产生矛盾的原因, 着重于事实的说明和原因的分析。形成差异的因素多种多样, 必须从错综复杂的因素及其联系中抓住本质的关键因素, 说明经济活动的规律和特点, 从而制定符合经济规律的决策和计划。

(三) 动态分析法

动态分析法, 是用发展、变化的观点来分析被研究对象的变化原因和发展趋势。

动态分析法以揭示客观事物发展趋势的数量特征为标准, 判断被研究对象的发展是否符合正常发展的要求, 并且探究其偏离正常发展趋势的原因, 以便采取措施, 促进客观事物的发展。

五、经济活动分析报告的写作

结构一般包括标题、正文、附件和落款等部分。

(一) 标题

1. 单标题

(1) 公文式标题

①由单位名称+时间+对象+文种构成, 例如《××公司20××年上半年财务分析报告》。

②由时间+对象+文种构成, 例如《20××年资金运动情况分析

报告》。

(2) 论文式标题

揭示经济活动分析报告的主旨, 例如《加强商品购销过程中的经济核算》。

2. 双标题

由正题和副题构成。正题采用论文式标题, 揭示经济活动分析报告的主旨。副题采用公文式标题, 进一步说明经济活动分析报告的内容或范围。例如《提高工作效率 加快资金周转——××公司20××年资金运动情况分析报告》。

(二) 正文

包括开头、主体和结尾三个部分。

1. 开头

概述分析对象的基本情况, 分析的课题、背景、目的、意义, 作出总体评价或基本结论等。

2. 主体

根据目的和要求, 运用事实和数据, 结合具体情况, 紧扣主题, 围绕重点进行分析。综合分析报告, 要对各项重大经济指标的完成情况等进行分析。专题分析报告, 针对专题的要求深入进行分析。

主体部分的内容包括两个方面:

(1) 资料数据

包括分析对象的有关情况的文字说明和数字说明, 例如指标、百分比、其他有关数据。

(2) 分析论证

运用恰当的分析方法, 对有关数据进行运算推导, 对有关资料进行分析论证, 作出评价或结论。

在分析时, 既要分析经济活动的成败, 总结经验、教训, 又要揭露矛盾, 找出产生矛盾的主客观原因。分析不能就事论事、就数据论数据, 要结合生产经营的实际情况, 通过典型的事实和准确的数据, 揭示经济活动的本质和规律。

3. 结尾

针对取得的成绩或存在的问题, 提出具体的、切实可行的建议、意见和措施。

(三) 附件

注明附件的名称和件数。附件附在报告的后面。

(四) 落款

注明报告单位、作者和日期。如果标题中已经出现过单位名称或标题下面已经出现过作者姓名, 这里就省略。

【例文】
××公司20××年财务状况分析报告

20××年, 本公司纯购进总值×元, 比上年增长×%; 纯销售×元, 比上年增长×%; 企业全部流通资金周转为×天, 比上年缩短×天; 费用水平为×元, 比上年下降×元; 全员劳动效率为×元, 比上年提高×%；百元资金和固定资产提供利润×元，比上年增长×元。

一、财务成果的分析

20××年，虽然国际、国内形势出现了一些波折，在一定程度上影响了公司的业务，但由于公司落实了国家的经济政策，调动了广大职工的生产积极性，因此公司的生产经营仍然发展较快，各项经济指标都超过上年。

20××年，公司实现工业总产值×元，比上年增长×元，增加×%。公司实现净利润×元，比上年增长×元，增加×%。职工人均收入×元，比上年增长×元，增加×%。

20××年，公司取得良好成绩的主要原因是：

1. 产品毛利增加

20××年以来的×年间，毛利大多在×%~×%之间，今年上升到×%，增加×%。

2. 费用水平下降

因为公司采取了不少措施，所以除少数分公司以外，绝大多数分公司的费用水平都有不同程度的下降，全公司费用水平由上年的×%下降到本年同期的×%。

3. 财务损失减少

各分公司的财产损失额×元，比上年减少×元，节约×元。

4. 其他支出节约

各分公司共支出×元，比上年减少×元，节约×元。

5. 亏损情况好转

由于加强了企业管理，因此公司亏损面比上年大大减少，亏损额由上年的×元减少到×元。

二、资金运用的分析

20××年年底，公司流动资金占用×元，在销售增加的情况下，资金周转加快，周转一次时间减少×天。每元资金占用所提供的利润由上年的×元提高到×元。主要原因是：

1. 自有流动资金扩大（略）

2. 结算资金占用减少（略）

3. 商品资金继续下降（略）

三、主要问题

20××年，公司财务状况还存在一些问题。主要是：

1. 少数分公司费用水平开始回升

大多数分公司的费用水平有所下降，公司费用水平在连续×年下降后，少数分公司开始回升。

2. 利润完成不平衡、不实在

××分公司的利润上半年就完成了全年的计划，但因怕鞭打快牛，财政年年加码，所以下半年无利反亏，出现了历史上少见的虎头蛇尾现象。

3. 库存高，肚子大，周转不灵

基层公司应勤进快销，但少数分公司周转一次需要×天。因为库存长期积压，所以损失较大。

4. 少数分公司企业亏损

少数分公司亏损面在扩大,金额在增加。

四、几点建议

20××年,要在保证完成各项财务指标的前提下,积极扩大购销业务,做好各项工作。

1. 控制费用水平反弹

······

附件:

20××年公司若干财务指标执行情况表×份

××公司财务处

×年×月×日

第九节　质量检查报告

一、质量检查报告的含义和特点

质量检查报告,是指国家指定的质量监督部门或者单位内部的质量管理部门根据标准化的规定,对技术、工程、产品等的优劣程度进行检验、测试而写成的文书。

质量检查报告具有数据性和析理性的特点。

(一) 数据性

质量检查报告涉及大量的数据资料。在对被检测对象进行评价时,必须把事物已经达到的各项具体指标与据以说明事物优劣程度的参照标准进行对比。在对影响和制约被检测对象质量的原料、劳动力、设备、技术水平、管理水平以及国内外市场等诸多变动因素进行分析时,必须全面搜集相关数据。只有对大量的具体数据和经济、技术、管理等情况资料进行分析、研究,才能写出符合实际的质量检查报告。

(二) 析理性

质量检查报告要对大量的数据资料进行分析、研究。质量检查报告的关键就是在检测数据的基础上进行质量分析。既要分析质量水平,又要分析影响质量水平的各种主客观因素。只有经过全面、深入的分析,才能发现质量问题,才能找到解决质量问题的办法。

二、质量检查报告的种类

按照检查对象,质量检查报告可以分为工作质量检查报告、产品质量检查报告、工程质量检查报告和环境质量检查报告等。

(一) 工作质量检查报告

对企事业单位的综合管理水平、技术水平、组织领导以及完成目标情况等方面进行检查、分析而写成的文书。

(二) 产品质量检查报告

对产品的适用性、可靠性、经济性、功效性等质量特征进行检查、测试、分析、研究而写成的文书。

(三) 工程质量检查报告

对一个完整的生产过程进行检查、分析而写成的文书。

(四) 环境质量检查报告

对人类赖以生存的水、空气、土壤等自然资源状况进行检查、分析而写成的文书。

另外, 按照工艺流程, 质量检查报告可以分为预先质量检查报告、中间质量检查报告和完工质量检查报告。按照检查数量, 质量检查报告可以分为全数质量检查报告和抽样质量检查报告。按照检查指标, 质量检查报告可以分为全面质量检查报告和专题质量检查报告。

三、质量检查报告的作用

质量检查报告的作用是: 反馈信息, 提供依据, 强化意识, 改善管理。

(一) 反馈信息, 提供依据

质量检查报告可以向受检单位反馈被检测对象的质量信息, 全面地、准确地反映检测对象的性能指标以及这些指标与相关标准之间的真实关系, 使受检单位及时认清被检测对象的优势与不足, 确定下一步努力的方向, 采取正确的应对之策。

(二) 强化意识, 改善管理

各级各类质量监督部门组织质量检测, 撰写质量检查报告, 可以强化有关单位和部门的质量意识。为了提高质量, 增强竞争能力, 被检测单位必须改进技术, 采取有效措施, 改善内部管理。只有质量意识强, 内部管理硬, 质量才能上档次、上水平。

四、质量检查报告的写作

结构一般包括标题、正文、附件和落款等部分。

(一) 标题

1. 完全性标题

由被检查单位名称+被检查对象+文种构成。例如《××公司××产品质量检查报告》。

2. 省略性标题

由被检查对象+文种构成。例如《××新型变压器质量检查报告》。

(二) 正文

1. 基本情况

介绍质量检查活动的主要情况, 包括检查时间、被检查对象、检查方法、检查仪器、检查项目、检查结果等。

2. 质量分析

主要针对检查结果,通过具体数据的对比和情况资料的分析,说明被检测对象的质量状况。在肯定优点的同时,还要指出存在的问题,并且分析问题产生的主客观原因。在分析、论证各项指标时,要分清主次,突出重点。

3. 建议措施

针对质量分析提出解决办法和措施。

(三) 附件

写明附件的名称及件数。具体材料附在质量检查报告的后面。

(四) 落款

写明检测单位和完稿日期。

【例文】

关于××型汽车的质量检查报告

×年×月×日,我处对本公司生产的××型汽车的安全环保、基本性能和可靠性行驶3个项目进行了检验。本次检验采取的是随机抽样方式,样品数量为2辆,编号分别为××、××。

一、检验及评定依据

1. QC/T 900-1997《汽车整车产品质量检验评定方法》。

2. ××汽车质量监督检验所文件——×质字〔20××〕×号《关于20××年整车可靠性检验规定》。

3. ××汽车质量监督检验所文件—— ×质字〔20××〕 ×号《关

于20××年整车检验结果评定方式的规定》。

4. ××汽车公司整车技术条件。

二、检验结果

表1 整车安全环保项和基本性能检验结果汇总表

项　　目			单位	技术要求	检验结果	
					××	××
安全环保	排放	途污染物	PPG	×	×	×
		柴油车自由加速烟度	FSN	×	×	×
	噪声	加速行驶车外噪声	dB（A）	×	×	×
		匀速行驶车外噪声	dB（A）	×	×	×
	制动距离（50 km/h）		m	×	×	×
	汽车用车速表（GB15082）	40 km/h	km/h	×	×	×
		80 km/h	km/h	×	×	×
基本性能	直接挡最低稳定车速		km/h	×	×	×
	直接挡从 20 km/h 加速到 70 km/h 所需时间		s	×	×	×
	二挡起步连续换挡加速到 80 km/h 所需时间		s	×	×	×
	限定条件下	燃油消耗量	L/100km	×	×	×
		平均技术车速	km/h	×	×	×
	最高车速		km/h	×	×	×

表2 可靠性行驶检验结果汇总表

项　　目		单位	检验结果	
			××	××
致命故障	次数	次	×	×
	首次故障里程	km	×	×
一般故障	次数	次	×	×
	首次故障里程	km	×	×
轻微故障	次数	次	×	×
	首次故障里程	km	×	×
单样车故障扣分		分	×	×
多样车综合评定扣分		分	×	×
可靠性行驶检验截止里程		km	×	×
首次故障里程		km	×	×
平均故障间隔里程	点估计值（Tb）	km	×	×
	区间估计值（TbL）	km	×	×

表3 整车可靠性行驶检验结果汇总表(略)

三、检验结论

经过对2辆样车的检验,检验结论如下:

1. 整车安全环保项检验,2辆样车加速行驶车外噪声不合格,其余项目合格。

2. 整车基本性能检验结果见表1。

3. 整车可靠性行驶检验扣分数为×分。

四、分析及建议

1. 此次可靠性检验渗漏油故障较多,主要故障部位在变速箱输出轴后部、后桥主减速器、制动分泵管接头。

2. 橡胶管老化故障较多,占故障总数的×%,建议提高其抗老化性能。

3. 传动轴防尘套脱落,主要原因是传动轴伸缩时将防尘套撕裂,造成脱落,建议加大防尘套的伸缩量。

附件:

1. 附录A 检验对象(略)

2. 附录B 检验条件(略)

×x公司汽车质量检验处

×年×月×日

第三章　商贸文书

第一节　商业广告

一、商业广告的含义

商业广告，是指广告主通过各种媒体，向人们宣传有关商品、劳务、服务、观念等信息，从而使消费者对企业生产和经营的产品、服务产生强烈兴趣和消费动机，以促进销售、获得赢利的有偿传播形式。

商业广告是狭义的广告，也称经济广告。广义的广告，是"广而告之"，除了商业广告以外，还包括公益广告、海报、启事、声明等。

二、商业广告的种类

商业广告从不同的角度可以分为不同的种类。

（一）从内容性质分

按照内容性质，商业广告可以分为商品广告、劳务广告、观念广告等。

1. 商品广告

商品广告是由企业、商家向消费者介绍自己的商品的广告，也叫产品广告。主要内容是向人们介绍商品的用途、特点、质量、价格等。

2. 劳务广告

劳务广告是由服务性的组织，例如饭店、旅馆、保险公司、银行等单位发布的为公众提供劳务或者服务的广告。内容主要是介绍劳务的性质, 服务的内容、特点、质量, 顾客获得的利益等。

3. 观念广告

观念广告是以树立一种新观念或者改变某种旧观念为主要内容的广告。它可以沟通企业、商家与消费者之间的关系, 使消费者形成某种有利于企业产品销售的观念。

(二) 从传播媒体分

按照传播媒体, 商业广告可以分为印刷品广告、电子音像广告、实物广告、交通工具广告、活体广告等。

1. 印刷品广告

印刷品广告是以印刷品为传播媒体的广告, 包括报纸、杂志、图书、电话号码簿、包装品、挂历、台历等上面刊登的广告。印刷品广告的优点是可以传阅, 便于存查; 缺点是除了报纸以外, 一般时效性差, 接触对象有限。

2. 电子音像广告

电子音像广告是以电子音像制品为传播媒体的广告, 包括电视、电影、广播、网络、电子屏幕、录像播放等发布的广告。电子音像广告的优点是声形兼备, 传播迅速及时, 覆盖面广; 缺点是播放时间受到一定限制, 内容难以记住, 容易消逝。

3. 实物广告

实物广告是以实物为传播媒体的广告, 包括橱窗、路牌、广告牌、霓虹灯、灯箱、门面装潢、广告模型、市场悬挂物、商品介绍传单等形式的广告。实物广告比较重视现场气氛, 以配合售货员销售商品。

4. 交通工具广告

交通工具广告是在汽车、人力观光旅游车、火车、轮船飞机等交通工具的内部或外部刷上企业名称或者商品画面而进行的商品宣传广告。交通工具广告的特点是宣传面广、流动性强。

5. 活体广告

活体广告是由模特儿队、营销人员身披绶带或者印有企业名称、商品标志的服装，在城市街道或商场等公共场所进行的商品宣传广告。活体广告必须注意人员的选择要能够展示企业或商品形象。

另外，按照宣传形式，商业广告可以分为文字广告、物像广告、综合式广告等。按照表达方式，商业广告可以分为陈述体广告、论证体广告、抒情体广告、问答体广告、文艺体广告、书信体广告等。

三、商业广告的特点

商业广告具有广泛性和有偿性的特点。

（一）广泛性

商业广告的范围、手段、受众等都十分广泛。它的传播对象是整个社会大众，它的职能是传播商品、劳务、服务、观念等信息，它的传播媒体有报纸、期刊、图书、广播、电视、电影、录像、幻灯、路牌、霓虹灯、电子显示器、橱窗等。它的传播时空无限，可以说在商品经济时代无处不在、无时不有。

（二）有偿性

企业、商家发布广告，必须付给媒体一些费用。商业广告的发布以赢利为目的，必然要以付酬为前提。广告费用的高低随传播媒体、传播方式、传播地域的不同而有差别。

四、商业广告的作用

商业广告的作用是推销商品服务,引导大众消费。

(一)推销商品服务

商业广告是企业、商家推销商品和服务的有效途径。随着科技的迅猛发展,社会商品和服务项目日益丰富。企业、商家要减少商品积压,提高经济效益,必须让消费者了解自己的商品和服务。而广告是让消费者了解商品和服务的有效形式。企业、商家通过广告把自己商品的特点和优势以及服务项目等信息灌输给消费者,以刺激消费者的消费欲望,从而起到推销商品和服务的作用。

(二)引导人众消费

商业广告可以领导消费潮流,引导大众消费。当今世界,商品琳琅满目,服务丰富多彩,劳务五花八门,观念层出不穷。面对纷繁的世界,消费者常常无所适从,难以选择。作为市场竞争的主体,要在激烈的市场竞争中取得胜利,企业除了产品质量好、价格低、适销对路以外,还必须借助商业广告,宣传自己的商品、服务、劳务,使企业形象和产品形象深入人心,才能领导消费潮流,引导社会消费。

五、商业广告创意的原则

成功的广告一般要经过五个环节:引起注意,产生兴趣,激发购买欲望,促成买卖行为,买后满足。商业广告的创意非常重要,它可以决定广告的成败。商业广告的创意必须遵循以下原则:

(一)真实、简洁

广告必须真实。真实是商业广告的生命。追求真实，不仅是一种时尚，而且是一种必然。虚假的广告既不符合法律，又损害消费者的利益，并且最终破坏企业自身的形象，影响企业自身的利益。适度的夸张是允许的，但是不能超过一定的限度。同时，广告还要做到简洁。广告是一种有偿性的商业活动，耗费的时间和空间越多，花费的金钱就越多。要以最小的投资换取最大的收益，就要制作出简练鲜明、易懂易记的广告，以减少耗费的时间和空间，减少花费的金钱。也只有简洁的广告，才能使消费者有耐心看或听下去，才能收到较好的效果。

(二) 新颖、生动

广告要取得成功，必须标新立异，出奇制胜。新颖的事物容易引起人们的重视，人们对新出现的形式总是很敏感。企业要在激烈的市场竞争中脱颖而出，占据主动地位，就要追求商品广告的新颖和个性化，否则就会导致广告的失败，从而影响商品销售和企业效益。商业广告必须生动，才能吸引消费者，使消费者产生购买欲望，最终推销出商品。广告是文字和画面 (有时还包括声音) 相结合的艺术，要想取得预期的效果，必须深入挖掘文字、画面和声音的表现力，给人留下深刻的印象和无穷的回味。

(三) 手法多样、注重效益

商业广告的表现手法可以多种多样。要打动消费者，推销出商品，单靠新颖的、生动的内容还不够，还必须有多样的形式。要注意采用语言、图像、音乐等多种表现形式，运用比喻、夸张、双关等修辞手法，结合各种表现手段，综合考虑，创造和谐。另一方面，在注重经济效益的同时，还要注重社会效益。广告也是一种精神产品，对社会文化心理、社会价值取向具有一定的影响。广告应该给人以积极的、正面的教育和审美享受，防止和杜绝不健康的广告出现。

六、商业广告创意的方法

商业广告的创意，关键是要选准角度。一般可以抓住商品特征、消费动机或名牌效应等。

（一）抓住商品特征

商品一般都具有形态、构造、性能、用途、价格等方面的特征。广告的创意不要面面俱到，而应该突出与众不同的特色。例如格力空调的广告抓住格力空调性能上的卓越品质来创意，表现它低至45W的"节能"主题："格力1赫兹变频空调，国际领先变频技术。最低功率只需45W，卓越品质，让节能舒适一路领先。1赫兹，好变频。格力掌握核心科技。"

（二）抓住消费动机

抓住消费者的心理，诱发他们的消费欲望，达到推销产品的目的，是广告的重要出发点和归宿。消费者的消费动机，一是实用性，二是装饰性。

1. 实用性

实用性是消费者对商品内容方面的要求。消费者购买商品，是用来使用的。商品是否实用，关系到消费者对商品的评价，关系到

127

消费者的心理和行为。因此，商业广告的创意要抓住不同阶层的消费者的实用性心理。例如，福建国际通信有限公司厦门分公司为其产品"信息通"做的广告，就是抓住"信息通"的众多信息服务功能以及价格的变化来打动消费者的心。"信息通"的功能特点有：个人传呼功能（提供全省免费漫游），股票寻呼服务功能，实时股票行情服务功能，图形显示功能，到价提示功能，按代码查询股票功能，股票信息分类快速查询功能，信息寻呼服务功能等。

2. 装饰性

装饰性是消费者对商品形式方面的要求。商品除了应该具有实用价值以外，还应该具有观赏价值，而装饰性是商品观赏价值的重要体现。只有内容与形式完美统一，才能更好地满足消费者的需要，才能激发消费者的购买欲望。例如，某房地产公司宣传其别墅住宅的广告是对卞之琳的《断章》诗进行了改写，用住宅环境的优美来打动消费者："你站在阳台上看风景，看风景的人在桥上看你，明月装饰了你的窗子，你装饰了别人的梦。"

(三) 抓住名牌效应

人们对于出名的东西一般都会有一种好感，甚至有崇拜心理。企业要想在市场经济大潮中立于不败之地，必须努力创造并且保持驰名品牌。要扩大宣传，提高商品的知名度，只有这样，才能创造更高的经济效益。例如，美国的可口可乐饮料公司是一家老牌企业，由于可口可乐饮料长期以来一直受到消费者的青睐，再加上公司重视宣传，目前，可口可乐饮料公司仍然保持着可乐的霸主地位。

七、广告文案的写作

结构包括标题、正文和落款等部分。

（一）标题

标题是广告信息的聚集点，是企业商品的招牌。标题的好坏直接关系到广告的成败。因此，必须高度重视标题的创作。标题要传递广告的主要信息，引起消费者的注意，必须包含广告中最主要的内容，显示广告作品的精华。要精心构思，富有情趣，新颖别致，耐人寻味。

广告的标题可以采用以下几种形式：

1. 单标题

（1）直接性标题

直接点明企业、商品、服务单位、服务项目等。例如：

要想身体好，请喝健力宝（健力宝饮料）

假如失去联想，世界将会怎样（联想电脑）

（2）间接性标题

不直接点明企业、商品、服务单位、服务项目等内容，而用富有表现力的语言暗示产品的用途、效果等，以吸引受众关注下文。例如：

传神演绎，身临其境（家庭影院系列）

只要青春不要痘（化妆品）

2. 双标题

即复合性标题，由正题加副题构成。正题是核心，是主标题。副题位于正题的后面，起补充正题内容的作用。复合性标题也可以看作是将直接性标题和间接性标题结合起来使用的标题形式。

例如三九胃泰的广告标题:

悠悠寸草心, 报得三春晖(正题)

三九胃泰的承诺(副题)

又如富利卡汽车的广告标题:

当心! 那家伙会抢走我们的饭碗(正题)

富利卡创新登场(副题)

(二) 正文

正文对广告对象作深入说明, 是传播商品、劳务、服务等信息的重点和核心。要使消费者从感情和理性上接受, 可以运用陈述体、说明体、论证体、抒情体、新闻体、文艺体、相声体、书信体等。究竟使用哪种形式, 要根据具体情况而定。一般来说, 陈述体和说明体篇幅较短, 费用较省。

正文可以分为开头、主体和结尾三个部分。

1. 开头

承接标题, 在标题和主体之间起承上启下作用。可以对标题进行解释, 让受众更好地理解标题的含义。也可以开门见山, 直奔主题。还可以用设问的方式, 激发受众的注意和兴趣, 引导受众从主体中寻找答案。

2. 主体

着重介绍产品的性能、特点和给消费者提供的服务等, 包括产品的外观、特色、规格、花样、款式、质地、作用、使用方法等。但是不要面面俱到，最重要的是要抓住最独特的东西作为定位的焦点，紧扣某一点深入开掘。例如，同样是洗发精，飘柔抓住令头发柔顺的特点，潘婷抓住营养护发的特点，海飞丝抓住去头屑的特点。

3. 结尾

用简洁的一段话，诱导受众采取购买行为。要有鼓动作用，以达到促销的目的。

附带说说广告口号。广告口号是对企业或商品的特征加以高度概括而形成的最简练的文字，也叫广告标语。它往往用简明、概括的一句话，给受众留下深刻的印象，使消费者建立一种观念和意识，对某企业或商品形成认知，并且引导他们选购商品和服务。广告口号一般比较固定，反复使用，成为企业的无形资产。例如，"盼盼到家，安居乐业"，表达了企业为老百姓着想的理念；"长虹以产业报国、民族昌盛为己任"，表达了中国民族企业振兴民族工业的精神和热爱祖国的热情；"没有最好，只有更好"，表达了澳柯玛集团积极进取的精神。广告口号一般在电视广告中用得较多，因为电视广告以秒为单位计费，广告口号最经济。

（三）落款

落款包括企业名称、地址、邮政编码、网站地址、电话号码、电子邮箱、微信公众号等。报刊广告和服务性广告，落款比较全面。电视广告，一般只说出企业名称。

公益广告是以为公众谋福利为目的而设计的广告。公益广告要透彻剖析事理，深刻揭示本质，高度浓缩，精辟警策，倡导主流，格调高雅, 感情真挚, 引起共鸣。

【例文】

新鲜口感　丰富营养
××啤酒, 不一般的啤酒

　　××啤酒在啤酒家族中声誉很高, 它以新鲜的口味和丰富的营养赢得了越来越多消费者的青睐。它是采用独特的生产工艺, 在严格无菌状态下精心酿制而成的。与一般啤酒不同的是, 生产过程中, 除了发酵之外, 微生物得到了严格控制, 并引用了××技术, 使酒液绝对无菌, 免去了热处理杀菌过程, 风味物质未发生变化, 稳定性更高。××啤酒不仅保持了原有的新鲜口味, 而且由于不经过热处理, 避免了维生素、氨基酸等营养成分的破坏, 营养比一般啤酒更丰富。

　　企业名称：××××××

　　地址：××省××市××路××号

　　邮编：××××××

　　网址：www.×××.com

　　电话：(0××) ××××××××

　　电子邮箱：××××××

　　微信公众号：×××

第二节　商品说明书

一、商品说明书的含义

商品说明书，是指企业向消费者介绍商品的构造、成分、性能、用途、用法、保养、维修、注意事项等方面知识的文书。

商业广告和商品说明书都可以介绍商品、宣传商品，但是两者有区别。从各自的目的来看：广告重在推销商品和服务，常用生动、醒目的语言进行宣传鼓动，以吸引消费者，激发他们的购买欲望，促成消费行为；说明书重在客观地介绍商品方面的知识，以便于消费者购买以后使用。从与商品的关系来看：广告与商品是脱离的，它独立于商品之外，在各种媒体上进行宣传；说明书附属于某一件具体商品，是商品包装的一部分。

二、商品说明书的种类

从不同的角度，商品说明书可以分为不同的种类。

按照写法，商品说明书可以分为条文式商品说明书和综合式商品说明书。按照表达方式，商品说明书可以分为说明式商品说明书和文艺式商品说明书。按照包装形式，商品说明书可以分为外包装式商品说明书（多用于常见的、简单的或普及型的产品）和内包装式商品说明书（多用于复杂的、贵重的或者新型的产品）。

三、商品说明书的特点

商品说明书具有知识性和可操作性等特点。

（一）知识性

商品说明书要向消费者介绍商品的构造、成分、性能、用途、用法、保养、维修、注意事项等知识，以便用户正确使用商品。商品说明书介绍的知识必须符合商品的实际情况和客观规律，具有科学性。

（二）可操性

消费者购买商品，目的是为了实现其使用价值。商品说明书必须向消费者明白、细致、具体、准确地介绍商品的安装、使用、保养、维修、注意事项等方面的知识，使消费者按照说明书就能学会自己使用，熟练操作。

四、商品说明书的作用

商品说明书具有解说作用和宣传作用。

（一）解说作用

商品说明书的内容是介绍、解说商品方面的知识，通过商品说明书，消费者可以了解商品，以便于正确地、安全地使用。特别是高科技产品和危险性产品，如果没有商品说明书，人们就难以使用，商品说明书就显得更为重要。

（二）宣传作用

商品说明书通过真实地、科学地介绍商品的有关知识，使消费者在使用商品的过程中了解产品的性能和优点，从而使商品深入人心。无形之中，商品说明书起到了推广商品、扩大销路的作用。

五、商品说明书的写作

结构包括标题、正文和落款等部分。

(一) 标题

1.完全性标题

由品名+文种构成,例如《××牌××型××使用说明书》《××说明书》《××使用说明》。

2.简单性标题

(1) 只写品名,例如《××冲剂》。

(2) 只写文种,例如《使用说明书》《说明书》《使用说明》。

(二) 正文

要让读者正确认识、使用和保养商品,避免产生误解,造成不必要的损失。一般要介绍商品的构造、成分、型号、规格、性能、用途、用法、保养、维修、注意事项等。有的还有图表和照片。不同种类的商品,具体写法也不同。

(三) 落款

写明企业名称、地址、邮政编码、网站地址、电话号码、电子邮箱、微信公众号等。

装订成册的说明书,常常还附有目录。

【例文】

××牌系列消毒橱柜使用说明

××公司制造的××牌消毒橱柜采用高温(×℃)及臭氧进行消毒,能100%地杀死各种细菌和病毒,有效地保障人们的身体健康,同时具有保温功能，可使食品温度保持在×℃~×℃之间，适合家庭、办公室、接待室等场合使用。

  ××牌消毒橱柜采用不锈钢制作箱体，经久耐用，美观大方。

一、规格

型号	额定电压	额定频率	输入总功率	容积	门数	挂墙尺寸

二、接地说明

1. 消毒橱柜带有接地线，用户应该用带接地线的××电源插座。

2. 接地线的颜色为××色，不得移作他用。

三、使用

1. 消毒橱柜可以安放在地面上或柜台上使用，单门消毒橱柜还可以挂在墙壁上使用。

2. 高温消毒、臭氧消毒和保温功能可以通过控制板上的开关得以实现：按下"××"启动开关（单门消毒橱柜先按下琴键开关的××启动开关……），指示灯亮，消毒橱柜工作在××消毒状态。当温度达到额定温度时，温控器自动切断电源。按下琴键开关的"××"启动开关，指示灯亮，消毒橱柜工作在××状态，可使食品温度保持在×℃~×℃之间。按下××开关，可切断电源。按下"××"启动开关，指示灯亮，消毒橱柜工作在××消毒状态。……

四、接线图（见箱体后侧）

五、注意事项

1. 电源插头是不可重接插头，用户不要擅自更改。

2. 挂在墙壁上使用时，应有足够的悬挂力，膨胀螺丝孔应打在墙上的砖块内，不应打在砖缝内，以防止松动。

3. 要消毒的碗、碟、杯等食具，洗净抹干后再放入柜内，这样可以节约用电，也有利于延长发热器的寿命。

4. 清洁和移动时应先拔出电源插头。

5. 消毒橱柜断电后，不要立即打开消毒柜门取出食具，以免烫伤手。（后略）

6. 不得碰撞发热器。

7. 耐温低于×℃的塑料食具，不要放入高温柜内进行消毒，可置入臭氧柜内进行臭氧消毒。

六、保养

消毒橱柜通常放置在厨房内，油烟较大，因而应常用蘸有清洁剂的布抹净橱柜表面。从出售之日起×个月内如因制造不良而产生的故障，本厂负责免费维修。

七、结构图（略）

地址：××省××市××路××号

邮编：××××××

网址：www.×××.com

电话：(0××)××××××××

电子邮箱：××××××

微信公众号：×××

第三节 招标书

一、招标书的含义和作用

招标书,是指法人或者其他组织为向国内外承包商公布业务项目、项目标准、价格、条件、要求等而拟定的文书。

招标书能够激励公平竞争,确保项目质量。招标者使用招标书,通过公开的招标活动,可以吸引一定数量的客商来投标,经过比较和鉴别,选择工程质量好、造价低、工期短、具有竞争优势的投标者。

二、招标书的种类

按照招标方式,招标书可以分为公开招标书和选择招标书。公开招标书是通过媒体发布招标信息,邀请国内外承包商参加竞争投标的招标书。选择招标书也称限度招标书、邀请招标书,是确定一批单位为邀请对象,将招标邀请函直接送到这些单位的不公开招标书。

另外,按照招标范围,招标书可以分为国内招标书和国际招标书、企业内部招标书和企业外部招标书。按照招标内容,招标书可以分为建设工程项目招标书、经营项目招标书、劳务招标书、科技开发招标书等。

三、招标书的写作

结构包括标题、正文和落款等部分。

（一）标题

一般采用公文式标题。

1. 完全性标题

由招标单位+招标项目+文种构成。例如《××大学改建图书馆招标书》。

2. 省略性标题

有以下几种形式：

（1）由招标项目+文种构成，例如《修建××水利工程招标书》。

（2）由招标单位+文种构成，例如《××小区改建招标书》。

3. 简单性标题，只写文种《招标书》。

（二）正文

一般用条文式，也可以用表格式。主要包括以下内容：

1. 招标的依据和原则

2. 招标项目名称和内容

3. 招标方式方法

4. 具体要求（包括投标条件、经费指标、质量要求、进度要求和注意事项等）

5. 投标截止时间

6. 开标时间和地点

（三）落款

写清招标单位联系人姓名、电话号码、电子邮箱、微信公众号、网站地址、开户银行、账号、地址、邮政编码等。

注明招标单位名称、法定代表人姓名、发布时间。

【例文】

招标书

一、建设单位

××市××有限公司。

二、工程名称

××绿地工程设计。

三、工程地点

××高新技术开发区。

四、工程概况

绿化面积×平方米。

五、招标内容

绿化及道路工程。

六、工期要求

方案图设计×天。

七、招标方式

邀请招标。

八、报名条件

境内设计单位要求具有园林绿化设计甲级资质；境外公司无资

质要求，但要求提供近×年的主要业绩及相应的中标通知书、合同复印件。

九、企业报名须提交的资料

资质证书原件及复印件，营业执照副本原件及复印件，设计项目组成员名单，设计单位简介，设计单位近×年主要业绩。

十、报名开始时间

×年×月×日上午9：00。

十一、报名截止时间

×年×月×日下午5：00。

十二、 报名地点

××市××有限公司×号楼×室。

联系人：××× ×××

电话：(0××)××××××××　××××××××

电子邮箱：××××××

微信公众号：×××

地址：××市××路××号

邮编：××××××

××有限公司（盖章）

法定代表人　×××（签名）

×年×月×日

第四节　投标书

一、投标书的含义和作用

投标书，是指合乎招标书标的条件和要求的承包商，向招标者许诺标的所规定的标准和条件，并且提出实现诺言的主客观条件的文书。

投标书能够降低生产成本，提高经济效益。投标者为了实现对招标者许下的诺言，达到规定的标准和条件，在确保工程质量等的前提下，必须千方百计地加强管理，采用先进的技术和方法，降低生产成本和其他各种费用，提高劳动生产率，提高经济效益。

二、投标书的种类

投标书是与招标书相对应的文书，一般来说，有什么类型的招标书，就有什么类型的投标书。

按照投标方式，投标书可以分为公开投标书和选择投标书。公开投标书是对公开招标书的回应文书。选择投标书也称限度投标书、邀请投标书，是对选择招标书的回应文书。

另外，按照投标范围，投标书可以分为国内投标书和国际投标书、企业内部投标书和企业外部投标书。按照投标内容，投标书可以分为建设工程项目投标书、经营项目投标书、劳务投标书、科技开发投标书等。

三、投标书的写作

结构包括标题、称谓、正文、附件和落款等部分。

(一) 标题

1. 只写文种《投标书》。

2. 由投标内容+文种构成, 例如《租赁××公司投标书》。

(二) 称谓

写上招标单位名称。

(三) 正文

一般用条文式, 也可以用表格式。主要包括以下内容:

1. 投标缘起和投标者意愿

2. 投标单位资格介绍

介绍企业简历、企业名称、地址、级别、营业执照、执照号码、批准机关、承包过什么项目以及相关的合同等。

3. 投标条件有关证明

4. 投标者承诺

(四) 附件

写明附件 (企业营业执照、承包项目合同等) 的名称和件数。

(五) 落款

写明投标单位联系人、电话号码、电子邮箱、微信公众号、网站地址、开户银行、账号、单位地址、邮政编码等。

注明投标单位名称、法定代表人姓名、成文日期。

【例文】

投标书

××工程基建处：

我们研究了××工程的招标文件，并且到现场做了实地考察。我们愿意按照设计图纸、技术说明和合同条款的要求，承担上述工程施工任务。我们经认真研究核算，现提出正式报价如下：

一、总承包标价

×万×仟（大写）元。

二、综合单价

×元/平方米。

三、总承包价构成（即项目分解金额）

工程项目	计量单位	工程数量	标价（元）	总价占比（%）
主公司房	平方米			
设备安装	台套			
室外工程	项			
其他	项			

四、工期

自×年×月×日开工至×年×月×日竣工，总工期为×个月。

五、工程质量标准达到何种等级标准（略）

六、保证质量的有效措施

1. 投标企业概况（略）

2. 保证质量, 如期完成的软件条件

工程队伍状况	高级工程师	工程师	技术员	技术工人	一般工人	职工总数
人数	×	×	×	×	×	×

3. 保证质量, 如期完成的硬件条件

施工设备	吊塔	推土机	挖掘机	卸斗车	运输车	其他
数目	×	×	×	×	×	×
租赁	×	×	×	×	×	×
自有	×	×	×	×	×	×

七、主要原材料的指标

1. 钢材

×吨, ××品牌, 规格为×。

2. 水泥

×吨, ××品牌, 规格为×。

3. 木材

×立方米。

4. 其他原材料

××品牌, 规格为×。

八、承诺

我们特此同意, 在本投标书发出后的×天之内, 我们都将受本投标书的约束, 愿在这一期间 (即×年×月×日起至×年×月×日止) 任何时间, 接受贵单位的中标通知。一旦我们的投标被采纳, 我们将与贵单位共同磋商按招标书所列条款的内容, 正式签署××工程施工合同，并切实按照合同的要求保质保期竣工。

附件：

1. 营业执照×份
2. 承包项目合同×份

联系人：×××　×××
电话：(0××)××××××××　××××××××
电子邮箱：××××××
微信公众号：×××
地址：××市××路××号
邮编：××××××

××建筑公司（盖章）

法定代表人　×××（签名）

×年×月×日

第五节　市场调查报告

一、市场调查报告的含义和作用

市场调查报告，是指企业单位或经济部门等运用科学的调查方法，全面系统地、有目的有计划地对商品生产、供应、需求和销售等市场情况资料进行搜集、整理、分析、研究，从而得出符合市场发展趋势的结论的文书。

市场调查报告在经济活动中具有重要作用。它为企业和经济部门进行市场预测、形成决策、制订计划、开拓新市场、开发新产品、改善经营管理、避免或减少生产经营风险、提高经济效益提供科学依据。

二、市场调查报告的种类

根据内容性质，市场调查报告可以分为市场供求调查报告、市场营销调查报告和市场资源调查报告三类。

(一) 市场供求调查报告

市场供求状况，是指在一定的地理区域、一定的时间期限、一定的经营环境、一定的销售渠道里，企业生产的商品与顾客购买的商品的情况对比。市场供求调查报告按照商品性质，可以分为生活消费品需求总量的调查报告和生产消费品需求总量的调查报告。按照购买力的性质，可以分为城乡居民购买力的调查报告、社会集团购买力的调查报告和工农业生产资料购买力的调查报告等。

(二) 市场营销调查报告

按照销售要素,市场营销调查报告可以分为产品调查报告、定价调查报告、销售渠道调查报告和促销手段调查报告等。

(三) 市场资源调查报告

按照产品性质和供给渠道,市场资源调查报告可以分为工业产品调查报告和农业产品调查报告、进口产品调查报告和国产产品调查报告等。

三、市场调查报告的特点

市场调查报告的特点是针对性和真实性。

(一) 针对性

市场调查报告必须有明确的调查目的和阅读对象。只有为了说明或解决某一个问题,市场调查报告才能有的放矢。有了明确的阅读对象,市场调查报告才能发挥它的指导作用。市场调查涉及商品的生产、流通和消费各个领域,调查的对象包括商品结构、流通渠道、价格、销售环境、需求量、竞争对象,以及消费者购买力、购买习惯等各个方面。

(二) 真实性

市场调查报告所依据的材料必须真实可靠、准确无误。搜集的材料,包括历史的、现实的材料,数据的、事例的材料。市场调查报告的材料如果不真实,就不能得出科学的结论,就不能发挥应有的作用。市场调查报告搜集的材料应该尽量是第一手材料,应该选用科学的调查方法。

四、市场调查的内容

（一）消费者情况调查

消费者情况调查，主要包括消费者的数量、社会阶层、经济状况、分布地区，消费者的购买欲望、购买习惯、消费趋势、消费水平、购买心理、对商品的意见和要求，消费者的购买动机、购买次数、购买数量、购买时间和地点等。

（二）生产经营者情况调查

生产经营者情况调查，主要包括销售能力、销售策略、销售渠道、仓储和运输情况、广告费用和效果、售后服务，及竞争对手的产品在市场中的地位、作用、占有率和发展趋势等。

（三）产品情况调查

产品情况调查，主要包括产品的产量、质量、包装、品种、性能、价格，产品的潜在市场、竞争因素、寿命周期等。

五、市场调查报告的写作

结构包括标题、正文和落款等部分。

（一）标题

可以采用公文式标题、论文式标题和综合式标题。

1. 公文式标题

有以下几种形式：

（1）由调查范围+调查时间+调查内容+文种构成，例如《××市20××年夏季流行服饰调查报告》。

(2) 由调查范围+调查内容+文种构成, 例如《××市空巢老人情况调查报告》。

2. 论文式标题

一般直接点明作者的观点和看法, 例如《商品包装不容忽视》。

3. 综合式标题

由正标题和副标题构成。正标题点明文章主旨, 副标题说明调查的具体内容, 例如《安于"小"、专于"小"、发展"小"—— ××小商品市场生意红火》。

(二) 正文

可以分为开头、主体和结尾三个部分。

1. 开头

可以采用以下某种方式:

(1) 交代调查的目的, 调查的时间、地点、对象、范围, 调查的方法、结果等。

(2) 开门见山, 直接提出市场的供求矛盾或介绍文章的主要内容、主要观点。

2. 主体

说明供需情况, 阐述供需矛盾, 分析供需矛盾产生的原因。

要对市场调查获得的资料进行归纳、整理、分析, 研究问题的性质, 揭示事物发展的内在联系, 还可以提出建设性的意见、计划和措施, 对市场动向作出预测。可以采用小标题的形式, 写明几个观点。

3. 结尾

提出解决矛盾的办法, 展望未来, 强调全文的观点。

(三) 落款

注明调查单位名称或调查人员姓名, 写上完稿日期。如果是在报刊上公开发表, 就把作者姓名标在标题下面。

【例文】

单身经济异军突起
——20××年中国内地单身消费供求状况调查

近年来, 中国内地的经济出现了一些新的变化。针对单身人士的小分量、小包装的消费品数量大增、琳琅满目, 单身经济日益凸显。为了弄清中国内地单身经济的现状, 我们对20××年中国内地单身消费供求状况进行了调查。

本次调查针对中国内地31个省、自治区、直辖市年满18周岁的单身人士, 通过网上调查的形式进行。共收到问卷×份, 其中有效问卷×份。

通过对调查问卷的分析, 我们发现了一些有趣的现象。大致来说, 单身消费品种类繁多, 价格不低, 单身消费供需两旺, 单身经济发展迅速。在各种单身消费中, 住房消费占×%, 饮食消费占×%, 交通消费占×%, 服装消费占×%, 通信消费占×%, 旅游消费占×%, 其他消费占×%。

　　单身人士住房消费居高不下并且呈现出逐年增长的趋势。近十几年来，中国内地的房价持续攀升，从沿海扩展到内地，从大城市扩展到中小城市。造成的结果是，不仅买房要支付的费用越来越高，而且租房要支付的费用也越来越高。不少单身人士喜欢独自租房，于是面积较小、设备齐全的一室户单位面积租金更高。……

　　23岁至40岁的年轻上班族单身人士在中国内地大约有×人，占单身人士的×%，而且不少集中在北京、上海、广州、深圳的金融、教育、医疗等行业。大量年轻上班族单身人士成为单身经济消费的主力。他们大多收入颇丰，能够自由支配，处于消费的高峰年龄段，而且舍得消费。

　　近十几年来，中国内地的房价增长速度超过了工资增长速度，给单身人士带来了很大的困扰。特别是在北京、上海、广州、深圳，天价的住房让一些单身男士望而却步。不少女性指望男方独立提供结婚以后使用的住房、汽车，而有房有车的男性多数已经人到中年。"嫁汉嫁汉，穿衣吃饭"的传统逐渐过时，多数女性有自己独立的工作、收入，不依赖男性就可以自由自在地生活下去，这也使得一些女性认为单身没有什么不好。

　　18岁至22岁的年轻人在中国内地大约有×人，占单身人士的×%，他们中有很多是在校学生，大多数还没有做好结婚的准备。他们中有不少人基本上还在花费家里提供的钱财，或者虽然能够挣钱，但是对钱财来之不易并没有深刻的体会。加上攀比心理，部分人的消费水平甚至超过上班族的。

41岁至65岁的中年单身人士在中国内地大约有×人,占单身人士的×%,其中不少离异人士暂时还没有找到合适的另外一半。

66岁及以上的老年单身人士在中国内地大约有×人,占单身人士的×%,其中不少是丧偶或离异人士。

20××年中国内地的适婚单身人数有2亿多,庞大的单身人士引起了敏锐的商家的注意,催生了大量的单身人士消费品,成就了单身经济。

造成单身经济的根源短期内难以消除,单身人士的数量甚至可能增加,因此可观的单身消费、单身经济还会在较长的时期内存在,单身经济大有可为。

×××

×年×月

第六节　市场预测报告

一、市场预测报告的含义和作用

市场预测报告,是指经济部门或企业单位运用科学的方法,系统、周密地对市场的历史和现状进行考察、分析和研究,探讨市场发展的趋势和变化的规律,提出措施与决策的文书。

市场调查和市场预测不可分割,互为因果。调查是基础、手段,预测是推断、结果。市场预测必须以市场调查为前提,市场调查必须作出市场预测。不过,两者各有侧重。

市场预测报告在一定程度上反映了市场变化和发展的趋势和规律,可以解决市场供需矛盾,为经营者提供决策的依据,为消费者提供消费指南。

二、市场预测报告的种类

按照预测对象,市场预测报告可以分为市场需求预测报告、市场占有率预测报告和产品开发预测报告等。市场需求预测报告主要是对消费者的数量、购买力和消费习惯等的预测。市场占有率预测报告主要是对商品的质量和价格、竞争对手情况、竞争商品等的预测。产品开发预测报告主要是对新科学、新技术与产品发展、产品的寿命周期、人力物力资源开发等的预测。

另外,按照产品类别,市场预测报告可以分为单项产品预测报告和同类产品预测报告等。按照市场大小,市场预测报告可以分为国际市场预测报告、国内市场预测报告,地区市场预测报告、本地市场预测报告等。按照时间长短,市场预测报告可以分为长期市场预测报告、中期市场预测报告和短期市场预测报告等。

三、市场预测报告的特点

(一) 前瞻性

市场预测报告能够预见市场发展的趋势和变化的规律,报告的结论具有预见性,才能具有重要的参考价值,才能指导经营活动。市场预测报告应该紧紧扣住市场活动,把握新动向,发现新问题,提出新观点,得出新结论。

(二) 时效性

信息时代的市场竞争比以往更加激烈,企业必须及时、准确地掌握系统的经济资料,科学、客观地对未来状况进行预测,对市场变化迅速作出反应,才能立于不败之地。要顺应瞬息万变的市场形势,市场预测报告必须具有超前意识,及时反馈市场信息,讲求时间效益。

四、市场预测报告的写作

结构包括标题、正文和落款等部分。

(一) 标题

可以采用公文式标题、论文式标题和综合式标题。

1. 公文式标题

有以下几种形式:

(1) 由预测范围+预测时间+预测对象+文种构成,例如《××市

20××年房屋租赁市场供求预测》。

(2) 由预测范围+预测对象+文种构成，例如《中国柔性屏幕手机市场预测报告》。

(3) 由预测对象+文种构成，例如《人工智能设备市场预测》。

2. 论文式标题

一般直接点明作者的观点和看法，例如《食品消费将持续上扬》。

3. 综合式标题

由正标题和副标题构成。正标题点明文章主旨，副标题说明预测的具体内容，例如《夏装如此多娇　令无数女士竞折腰——20××年夏季流行服饰预测》。

(二) 正文

可以分为开头、主体和结尾三个部分。

1. 开头

交代预测对象产销情况的历史和现状，包括有关数据和形成因素，为主体展开分析提供依据。

2. 主体

通过对预测对象历史和现状的数据资料的分析，推论其未来的发展趋势和变化规律。要对供需情况加以说明，对供需矛盾加以分析，阐述矛盾产生的原因。材料要真实可靠，分析要客观精当，推论要合乎逻辑。

3. 结尾

针对预测结论提出解决矛盾的方法和建议。要具体、有效、切实、可行。

（三）落款

注明预测单位名称或预测人员姓名，写上完稿日期。如果是在报刊上公开发表，就把作者姓名标在标题下面。

【例文】

国外旅游市场仍有空间
——未来10年中国人赴国外旅游的市场预测

过去10年，旅游市场不断升温。伴随着国内旅游市场的持续扩大，国外旅游市场也在持续扩大而且速度越来越快。10年前，中国人旅游的主要范围是国内。但是最近10年，中国人旅游的范围逐渐向国外扩展。

近10年，中国人赴国外旅游的人数增长情况见下表：

年份	中国周边地区	欧洲	北美洲	南美洲	大洋洲	非洲
20××	×	×	×	×	×	×
20××	×	×	×	×	×	×
20××	×	×	×	×	×	×
20××	×	×	×	×	×	×
20××	×	×	×	×	×	×
20××	×	×	×	×	×	×
20××	×	×	×	×	×	×
20××	×	×	×	×	×	×
20××	×	×	×	×	×	×
20××	×	×	×	×	×	×

从表中可以看出，过去10年，中国人赴国外旅游的人数增长较快，总增长率为×%，年平均增长率为×%。10年前的20××年，中国人赴国外旅游最多的地区主要集中在××地区、××地区，人数分别为×人、×人；10年后的20××年，中国人在××地区、××地区旅游的人数分别为×人、×人，总增长率为×%，年平均增长率为×%。10年前的20××年，中国人赴国外旅游人数最少的是××地区，为×人；10年后的20××年，中国人在××地区旅游的人数为×人，总增长率为×%，年平均增长率为×%。

过去10年，中国人赴国外旅游的人数增长较快，主要原因有：

首先，过去10年中国的经济发展较快，为中国人赴国外旅游提供了比较雄厚的物质基础。随着人们收入的增加、贫困人口的减少，人们的钱袋逐渐充实起来，有经济条件赴国外旅游。

其次，越来越长的节假日为中国人赴国外旅游提供了时间保障。政府增加了节日，延长了节日天数。加上双休日及公休的时间，人们有较长的放假时间可供自由支配。

最后，人们的消费观念发生了变化。基本的物质需求得到满足以后，人们逐渐有了较高层次的精神需求并且渴望得到满足。

多种因素共同发挥作用，于是伴随着国内旅游市场的持续扩大，国外旅游市场也在持续扩大。

未来10年，中国人赴国外旅游的热情不会减退，中国人赴国外旅游的人数会继续增长，中国人赴国外旅游的市场仍然有较大发展空间。为此，我们需要制定相应的发展策略。

首先,中国人旅游的范围日益扩大,足迹几乎遍布世界各地。针对这样的特点,我们要采取新的全球战略。我们需要巩固已经拥有的市场,拓展新的市场。××地区、××地区、××地区的旅游过去为我们带来了巨大的收益,我们要抓紧不放。××地区、××地区的旅游近期增长较快,我们要抓住机遇。××地区的旅游虽然目前还不如人意,但前景可期,我们要积极开拓。

其次,中国中产阶级崛起,其人数已经占据世界首位,中高收入人群是国外旅游的主力军。面对不同的人群,我们要开发多种形式的旅游项目。针对有小孩的家庭,我们可以开发一些与教育相关的项目,例如夏令营、访学,与国外学生一起学习和生活,感受不同的文化,学习先进的观念,培养良好的习惯。针对其他人群,我们可以开发旅游观光、文化交流项目。

最后,针对三四天的小长假,我们推荐旅程较短的中国周边地区的短途旅游;针对六七天的长假,我们推荐旅程较长的长途旅游。

×××

×年×月×日

第七节　催款书

一、催款书的含义、特点和作用

催款书，是指催促超过规定期限还未交款的单位或个人支付款项的文书。

催款书的特点是及时性。由于种种原因，债务方没能按照规定的期限向债权方支付款项，这时债权方要及时通知债务方，让债务方早日知晓拖欠款项的情况，并且尽快支付款项。

催款书具有催促作用。债务方没能按照规定的期限向债权方支付款项，可能是有意的，也可能是无意的。不管怎样，债权方通过催款书这一正式的书面形式通知债务方，多少会对债务方起到催促、督促作用，让债务方想办法尽早还款。

二、催款书的写作

结构包括标题、收文单位、正文、结语、附件和落款等部分。

（一）标题

1. 只写文种《催款（通知）书》。

2. 在文种前面加上"紧急"二字，写成《紧急催款（通知）书》。

3. 由单位名称+文种构成，例如《××公司催款（通知）书》。

（二）收文单位

就是欠款单位、买方、借款方。可以是单位，也可以是单位主管人员或其他个人。单位名称要写全称，个人姓名后面加上"台鉴""先生/女士"等。

(三) 正文

1. 开头

开门见山地说明发函的意图或陈述事实。陈述事实要写出双方发生业务的具体原因、日期、地点、发票号码、款项拖欠情况等。

2. 主体

写清楚欠款金额、催款要求、再次还款的期限、交付办法等。

3. 结尾

敦促欠款方尽快还款，并且说明如果欠款方仍然不能按照再次确定的还款期限还款，那么债权方将要采取的措施。

(四) 结语

写"特此通知"或"此致""敬礼"等。

(五) 附件

写明附件的名称和件数，附件附在后面。附件包括有关的合同、发票、单据等。

(六) 落款

写上债权方的单位名称或个人姓名以及制发催款书的日期。如果是单位，就要加盖公章。如果是个人，就要签名。

此外，催货书与催款书写法相似，只不过所催的是货物罢了。

【例文】

催款通知书

××公司：

你单位×月×日向我公司借款×元，根据贷款合同规定，借款合同为×个月，于×月×日到期。现已逾期×天，你单位尚欠逾期本金×元，利息×元，本息合计×元。接到本通知后，请于×月×日前来我公司办清还款手续。如到期仍未还款，我公司将直接从你单位存款账户中扣除，并对逾期借款按规定加收利息，依照合同约定及法律规定处理担保（抵押）物，收回贷款本息或由担保人偿还贷款本息。

请积极筹措资金，抓紧时间予以偿还。否则，我公司将按照《××法》和《××条例》及其他有关规定进行处理。

特此通知。

××信托投资有限公司

×年×月×日

第八节　索赔书

一、索赔书的含义、特点和作用

索赔书，是指买卖双方中受损失的一方向对方提出要求赔偿损失或其他权利的文书。

索赔书的特点是诚恳性。索赔要本着公平合理、平等互利、实事求是的精神来进行。买卖双方是地位平等的贸易伙伴，存在着长期的合作关系。因此，索赔书的用词要诚挚、恳切。

索赔书具有索要作用。质量低劣、数量短缺、包装不善、运输拖延等都会给当事人造成损失。受损失的一方以双方签订的合同为依据，根据对方违反合同的事实，向对方提出赔偿损失或其他权利要求。

二、索赔书的写作

结构包括标题、收文单位、正文、结语、附件和落款等部分。

（一）标题

1. 只写文种《索赔书》。

2. 由事由+文种构成，例如《××质量索赔书》。

（二）收文单位

就是给自己造成损失的一方。一般是单位，也可以是个人。单位名称要写全称，个人姓名后面加上"台鉴""先生/女士"等。

（三）正文

1. 开头

阐述索赔理由、缘起。包括质量低劣、数量短缺、包装不善、运输拖延等给自己造成的损失。

2. 主体

叙述该项贸易的进行过程，引用合同有关部分原文或有关检验材料，指出对方违约的事实，根据合同以及有关的法律、法规、惯例等，向违约方提出赔偿。

3. 结尾

表达希望对方回信或今后进一步加强合作的愿望。

(四) 结语

写"此致""敬礼"等。

(五) 附件

写明附件的名称和件数，附件附在后面。附件包括有关的合同、证明材料、来往函电等。

(六) 落款

写上索赔方的单位名称或个人姓名以及制发索赔书的日期。如果是单位，就要加盖公章。如果是个人，就要签名。

索货书与索赔书写法相似，只不过所索要的是货物罢了。

【例文】

××轮××矿石短重索赔书

××国××出口公司：

第×号合同××矿石第一批货已由"××"轮于×月×日运抵××。结算发票重量为×吨，根据××商品检验局水尺鉴定，卸船实际重量为×吨，短重×吨。另抽样化验水分为×%，高于结算发票中所注的水分×%，由于水分增高而发生的短重为×吨。共计短重×吨。根据合同规定，我方向你方提出索赔，你方应赔偿我方损失金额如下：

1. 货价×美元；

2. 运费×美元；

3. 保险费×美元；

4. 检验费×美元。

共计×美元。

随函寄去××商品检验局第×号检验证明书正本1份及水尺鉴定记录1份，请接受此项索赔并于×年×月×日前汇款结账。

此致

敬礼！

附件：

1. 检验证明书正本1份

2. 水尺鉴定记录1份

中国××进出口公司

×年×月×日

第九节　策划书

一、策划书的含义和作用

策划书，是指企业对某项重大活动或事件进行规划而形成的文书。也称规划书、策划文案等。

企业为了达到某种目的或效果，对某项重大活动或事件进行构思、判断、分析、归纳，从而制定策略、实施方案，并且对预期效果进行评估。企业把对这整个过程的想法事先写出来，就是策划书。

策划书可以为企业的活动或事件提供指导，以达到预期的目的或效果。

二、策划书的种类

根据所处的环节，策划大致可以分为形象类、实体类、宣传类、展示类、销售类等，策划书也相应地可以分为形象类策划书、实体类策划书、宣传类策划书、展示类策划书、销售类策划书等。

(一) 形象类策划书

形象类策划书是为了塑造某种形象而编制的策划书，例如企业形象策划书、品牌形象策划书等。

(二) 实体类策划书

实体类策划书是为了制作某种实体而编制的策划书，例如项目策划书、产品策划书等。

(三) 宣传类策划书

宣传类策划书是为了进行宣传、推广而编制的策划书,例如公关策划书、广告策划书等。

(四) 展示类策划书

展示类策划书是为了展示某些产品或某种活动而编制的策划书,例如展会策划书、选秀策划书等。

(五) 销售类策划书

销售类策划书是为了促进产品销售而编制的策划书,例如营销策划书、促销策划书等。

三、策划书的特点

策划书的特点是重要性、可行性、前瞻性。

(一) 重要性

策划书是企业对某项重大活动或事件进行的规划。这些活动或事件是重要的、必需的,关系着企业的发展甚至生死存亡,一旦实施,就能够达到预期的目标,实现可观的经济效益或社会效益,给企业带来巨大的影响。

(二) 可行性

策划书应该是在详细地调查、周密地分析以后编制的,是符合客观实际情况的方案,在执行中是能够贯彻下去的。好的策划书经得起实践的检验,具有较强的可行性。

(三) 前瞻性

策划书是在某项重大活动或事件发生以前编制的,需要取得什么样的结果,达到什么样的程度,目的很明确。好的策划书不仅能够预见光明的未来,而且能够达到预期的效果。

四、策划书的写作

结构包括标题、正文、附件和落款等部分。篇幅较长的策划书一般需要编制目录。

（一）标题

可以采用公文式标题或综合式标题。

1. 公文式标题

有以下几种形式:

(1) 由事由+文种构成,例如《××产品营销策划书》《××展会策划书》。

(2) 由单位+事由+文种构成,例如《××公司××产品营销策划书》。

(3) 由时间+单位+事由+文种构成,例如《20××年××公司××选秀活动策划书》。

2. 综合式标题

采用双标题形式,由正题和副题组成。正题一般采用论文式标题,揭示策划书的内容或主题。副题一般采用公文式标题,补充说明单位、时间、事由及文种。例如《万里挑一,勇夺冠军——××公司第×届职业技能大赛策划书》。这种标题比较全面,适用于大型活动或重大事件的策划书。

（二）正文

1. 背景、缘由

介绍相关的背景，交代策划的原因。包括国际、国内相关的政治、经济、文化因素，企业存在的问题与产生的原因、优势和劣势、机遇和挑战。注意引用相关行业的统计数据、发展报告，企业的经营计划、销售资料等。

2. 目的、意义

策划目的多注重经济效益，兼顾社会效益。目标要明确、具体，最好使用一些可以量化的数据和客观的标准。一般是活动或事件本身有希望达到的近期目标，并且能够与长远目标结合起来。

揭示策划的某项重大活动或事件带来的价值和影响。或者树立良好的形象，或者开拓未来的事业，或者扩大自身的影响，或者展现自身的优势，或者获得丰厚的收益。

3. 创意的内容

讲明开发对象、主要创意、具体任务、操作要点等。开发对象不同，主要创意、具体任务、操作要点也不同。

形象类策划书要树立良好的形象，实体类策划书要设计独特的实体，宣传类策划书要扩大媒体的影响，展示类策划书要展现实物的魅力，销售类策划书要突出产品的价值等。

4. 实施的方法

提供实施创意采用的方式、方法、措施、手段。

形象类策划书要抓住形象定位，实体类策划书要抓住实体价值，宣传类策划书要抓住媒体优势，展示类策划书要抓住平台实物，销售类策划书要抓住销售策略等。

5. 程序的安排

将整个活动或事件分为若干个阶段, 确定每个阶段各自的任务、目标。综合考虑人员组织、权利责任、资源配置、活动对象、时间地点安排等。可以以时间为经, 以地点为纬, 安排人力、物力、财力, 合力配置资源, 统筹规划。

6. 资源的配置

说明怎样合理利用人力、物力资源, 做到节约、高效。人力构成包括组织者、指挥者、参与者、协助者等, 任务应该落实到人, 方法应该恰当, 要求应该具体。物力构成包括需要什么样的场所、环境、条件等, 场所要宽敞, 环境要舒适, 条件要便利。

对整个活动或事件各个方面花费的人力、物力等进行周密计算, 列出各项费用的数量和依据, 预算经费。本着少花钱、多办事的原则, 节省开支, 提高效益。

7. 注意的事项

强调整个活动或事件重点关注的主要问题、疑难事项、关键环节, 指出顺利实现目标的条件, 提醒环境变化可能造成的损失以及相应的应变策略、应对措施等。对于整个活动或事件的各个程序, 提出具体的意见或建议。

8. 效果的预估

依据资料数据和现实情况, 对策划效果进行分析、预测、评估, 得出结论。按照策划书执行, 是完全能够实现预期目标, 还是基本能够实现预期目标, 要做出预估。

（三）附件

注明相关资料的名称、件数。

（四）落款

写明策划人员姓名或单位名称以及策划书定稿的日期。

【例文】

××公司20××年"双11"购物节营销策划书

一、背景缘由

中国的"双11"购物节已经连续举办了×届，其他国家类似的节日例如西方的圣诞购物节、"双12"购物节也已经连续举办了多次，都大大促进了商品的销售，取得了很好的效果。本公司在前几届"双11"购物节上取得了不错的成绩，对于促进本公司的产品销售起到了很好的推动作用。这一方面是因为本公司广大职工在产品管理、研发、生产等方面的工作做得好，另一方面是因为本公司销售部门职工工作努力。辛勤的工作，良好的回报，这种状况必须继续保持下去。

二、目的意义

为了保持本公司良好的发展势头，实现本公司今年的计划，并且为实现本公司十×五战略目标提供支持，我们制作了20××年"双11"营销策划书。希望通过今年"双11"的营销，使销售收入比去年增加×%。

如果我们的目标能够实现，那么销售部就能提前×天完成今年的销售计划，从而保证本公司今年产值、利润和职工收入增长计划的实现，而且可以让本公司的产品获得更多消费者的信赖，让本公司获得更多人的认可。

三、创意内容

（一）开发对象

本公司的拳头产品××销量占全国同类产品市场的大约×%，技术在国内处于先进水平，主要产品××和××在国内销量也不错，但都还有进一步上升的空间。

（二）主要创意

1. 打造品牌形象

本公司品牌形象较好，受到了广大消费者的信赖。"××"商标是全国驰名商标，在国际上也享有一定的声誉。我们要充分发挥这种优势，进一步提升品牌形象，使本公司良好的品牌形象更加深入人心。……

2. 展示产品质量（略）

3. 宣传产品价格（略）

（三）具体任务（略）

（四）操作要点（略）

四、实施方法

（一）媒体宣传（略）

（二）有奖展销（略）

……

五、程序安排（略）

六、资源配置（略）

七、注意事项（略）

八、效果预估

根据今年1~6月本公司的销售报表和往年"双11"购物节本公司的销售增长情况，结合目前经济走势良好的情况，我们对实现策划目标充满信心。按照本策划书执行，我们完全能够实现今年的销售收入比去年的销售收入增加×%的预期目标。

附件：

1. 20××年1~6月本公司销售情况统计表

2. 20××年"双11"购物节本公司销售情况统计表

策划人　×××　×××　××

×年×月×日

第四章　公关文书

第一节　聘书

一、聘书的含义和特点

聘书，是指组织聘请个人担任某种职务、承担某项工作时使用的文书。也称聘请书、聘任书。

聘书的特点是权威性。聘书是聘用单位给受聘人员水平和能力的一种证明，是某一特定时期内受聘人员职称高低、职务大小情况的依据。用人组织据此可以了解受聘人员的业务水平、思想品德情况，作为任用或升级的一种依据，或作为评判工作情况的参考。新的用人单位也可以用来作为衡量是否录用的条件。

二、聘书的写作

结构包括标题、称谓、正文、结语和落款等。

（一）标题

写上文种《聘书》或《聘请书》《聘任书》。

（二）称谓

写上被聘请人的称呼。一般在姓名后面加上"同志"或"先生""小姐""女士"等。

（三）正文

写明聘请的原因、所聘的职务、承担的工作、聘请的期限等。有时还写明具体要求、工作量、待遇和希望等。

(四) 结语

写"此聘"或"此致""敬礼"等。

(五) 落款

写上聘请组织的名称和写聘书的日期。

【例文】

<h2 style="text-align:center">聘书</h2>

×××先生:

　　为了加强本公司的技术力量,提高本公司的产品质量,本公司特聘请您为技术顾问,负责指导本公司的技术工作,报酬按双方商定的执行。聘期3年。

　　此致

敬礼!

××公司人事部

×年×月×日

第二节　邀请函

一、邀请函的含义和特点

邀请函,是指机关、团体、企事业单位邀请有关人员参加会议、庆典等活动时发出的文书。也称邀请信。

邀请函的特点是庄重性。邀请函以书面形式发出,表现出邀请者的郑重态度和对被邀请者的敬重、礼貌态度。

二、邀请函的写作

结构包括标题、称谓、正文、落款和附件等。

(一) 标题

1. 简单性标题

写上文种《邀请函》或《邀请信》。

2. 省略性标题

由主题+文种或单位+文种构成,例如《××研讨会邀请函》或《××公司邀请函》。

3. 完全性标题

由单位+主题+文种构成,例如《××公司纪念公司成立三十周年邀请函》。

(二) 称谓

写上被邀请的组织名称或个人称呼。个人称呼一般在姓名后面加上职务、职称或"先生""小姐""女士"等。

（三）正文

一般包括活动举办的目的、具体时间、地点、活动主题、主要议题、程序安排、作品要求、收费情况、交通路线、联系方式等。

（四）落款

写上发邀请函的组织名称和发邀请函的日期。

（五）附件

包括回执、有关情况说明等。

邀请函有时面对公众而非个人——发出，类似于会议通知。会议通知是比较通用的一种知照性通知，用于通知会议的召开及其有关事项。会议通知一般包括以下内容：召开会议的缘由或依据，会议的主题或议程，与会人员的条件及名额，会议召开的时间、地点，应该准备的有关材料、费用，报到的时间、地点、联系事宜等。

【例文】

××技术研讨会邀请函

尊敬的先生／女士：

××技术刚刚起步，但是相关的理念迅速在全球传播开来。××技术究竟是怎样的？它的市场前景究竟如何？需要迫切解决的难题有哪些？诸如此类的问题需要业界早日解决。为此，本公司特举办××技术研讨会，希望各位先生、女士不吝赐教。

一、会议时间

×年×月×日,会期一天。

二、会议地点

××公司(××省××市××区××路××号)

三、会议主题

××技术与人类生活

该主题下的主要分议题包括:

1. ××××

2. ××××

3. ××××

4. ××××

四、会议形式

会议采用论文或报告研讨会形式,邀请对××技术问题已进行过跟踪研究并已取得一定前沿性成果的专家,围绕这一领域内的若干重要议题分单元展开讨论,单元议题由会议先期确定。要求各参会者事先深入细致地对该议题进行研究,发言应有充分、可靠的论据。工作语言为×语。

五、参会要求

本研讨会建议与会者凭论文或报告参会。同意参加本研讨会的专家,应根据会议确定的主题和议题专门撰写研究论文或报告,并在会前提交。论文或报告要求是最近完成、从未公开发表并具有一定深度和前沿性的,会议主办方将根据论文或报告发出最终邀请函。

六、会议成果

1. 论文提交

与会专家请提交尚未正式发表的论文或报告全文，篇幅长短以主题论述清晰、深入为宜。若会前未及完成，请提交简短的书面发言材料。标题、摘要以中、英文双语为宜。

2. 期刊发表

与会论文或报告将选其中上乘者，编为主题文章，由主办方负责安排，按照刊物要求，发表于相关期刊或出版专辑。

3. 论文集出版（略）

4. 后续合作（略）

七、参会程序（略）

八、参会费用说明（略）

九、主办方联系方式

地址：××省××市××区××路××号××号楼××室

邮编：××××××

电子邮箱：××××××

电话：(0××)××××××××

联系人：×××　　×××

微信公众号：×××

××公司科技处

×年×月×日

参会回执

姓名		性别		职称	
技术领域					
近期重要成果					
论文报告题目					
座机		手机			
微信号		电子邮箱			
单位名称			职务		
通信地址			邮编		
备注	各位专家如有任何特定要求，如饮食习惯、宗教禁忌等，请告知，以便我们更好地进行安排。				

第三节 欢迎词

一、欢迎词的含义

欢迎词，是指在迎接宾客的仪式上或在会议开始时，主人对客人或会议代表的到来表示欢迎的讲话文稿。

二、欢迎词的写作

结构包括标题、称谓和正文等。

（一）标题

1. 完全性标题

由致辞人+事由+文种构成，例如《×××在××仪式上的欢迎词》。

2. 省略性标题

由事由+文种构成，例如《在××仪式上的欢迎词》。

3. 简单性标题

只写文种《欢迎词》。

（二）称谓

写对欢迎对象的称呼。对国内人士一般用"同志们""朋友们""代表们""各位来宾"，对国外人士一般用"女士们、先生们"。有时前面还要加"尊敬的""敬爱的"等。要用全称、尊称，要把所有来宾都包括进去。

（三）正文

1. 开头

交代致辞人在什么时候、以什么身份、代表谁向来宾表示欢迎或问候。

2. 主体

写来访或召开会议的意义、作用，或阐述双方之间的友谊、交往，表达进一步发展友好合作关系的意愿和打算等。

3. 结尾

祝愿宾客来访或会议取得圆满成功，或祝愿宾客与会议代表在访问期间、会议期间过得愉快。

【例文】

欢迎词

女士们、先生们：

值此××公司×周年庆之际，请允许我代表××公司，并以我个人的名义，向远道而来的贵宾们表示热烈的欢迎。

朋友们不顾路途遥远专程前来贺喜并洽谈贸易合作事宜，为我公司×周年庆更增添了一份热烈、祥和的气氛，我由衷地感到高兴，并对朋友们为增进双方友好关系作出的努力，表示诚挚的谢意！

今天在座的各位来宾中，有许多是我们的老朋友，我们之间有着良好的合作关系。我公司从建立到现在×年来能取得今天的成绩，离不开老朋友们的真诚合作和大力支持。为此，我们表示由衷的钦佩和感谢。同时，我们也为能有幸结识来自各地的新朋友感到十分高兴。对此，我谨再次向新朋友们表示热烈的欢迎，并希望与新朋友们密切协作，发展相互间的友好合作关系。

"有朋自远方来，不亦乐乎？"在此新朋老友相会之际，我提议：

为今后我们之间的进一步合作——

干杯！

第四节　欢送词

一、欢送词的含义

欢送词，是指在送别来宾的仪式上或在会议结束时，主人对客人或会议代表的离去表示欢送的讲话文稿。

二、欢送词的写作

结构包括标题、称谓、正文等。

(一) 标题

1. 完全性标题

由致辞人+事由+文种构成，例如《××在××仪式上的欢送词》。

2. 省略性标题

由事由+文种构成，例如《在××仪式上的欢送词》。

3. 简单性标题

只写文种《欢送词》。

(二) 称谓

写对欢送对象的称呼。对国内人士一般用"同志们""朋友们""代表们""各位来宾"，对国外人士一般用"女士们、先生们"。有时前面还要加"尊敬的""敬爱的"等。要用全称、尊称，要把所有来宾都包括进去。

(三) 正文

1. 开头

交代致辞人以什么身份、代表谁向来宾表示欢送，同时表达依依惜别之情。

2. 主体

叙述在来宾访问或召开会议期间双方之间的友谊、友好关系的新进展，并且满怀信心地预见今后的发展，表示真诚合作的态度等。

3. 结尾

对来宾表示惜别之情，发出再次来访的邀请，并且祝愿来宾一路平安。

【例文】

欢送词

女士们、先生们、朋友们：

半个月以前，我们愉快地在这里欢聚一堂，热烈欢迎××先生。今天，在××先生访问了我国的许多地方之后，我们再次欢聚在一起，欢送将于明天回国的××先生，感到特别亲切、高兴。××先生……参观了公司、农村、学校，与各方人士进行座谈，并认真研究了我国的经济发展状况和文化、教育状况。

在向××先生告别之际，我们真诚地希望××先生给我们提出批评、指导和宝贵意见，以便我们改进工作。同时，我们想借此机会请他转达我们对×国人民的深厚友谊，请他转达我们对他们的亲切问候和敬意。

祝××先生回国途中一路平安。

第五节 答谢词

一、答谢词的含义

答谢词,是指客人对主人的热情接待表示感谢的讲话文稿。

二、答谢词的写作

结构包括标题、称谓和正文等。

(一) 标题

1. 完全性标题

由致辞人+事由+文种构成,例如《×××在××会上的答谢词》。

2. 省略性标题

由事由+文种构成,例如《在××会上的答谢词》。

3. 简单性标题

只写文种《答谢词》。

(二) 称谓

写对答谢对象的称呼。对国内人士一般用"同志们""朋友们",对国外人士一般用"女士们、先生们"。有时前面还要加"尊敬的""敬爱的"等。要把所有答谢对象都包括进去。

(三) 正文

1. 开头

表示对对方的感谢,同时倾吐自己的心声。

2. 主体

叙述双方之间的交往和友谊，主要强调对方所给予的支持和帮助，并且表明自己对巩固和发展友谊的打算和愿望等。

3. 结尾

再次表示感谢，并且表示良好的祝愿。

【例文】

答谢词

尊敬的××主任，女士们、先生们、朋友们：

我谨代表我们代表团全体成员对××主任今晚为我们举办如此丰盛的晚宴表示由衷的感谢。

此次访问中，你们的热情款待给我留下了深刻的印象。在你们周到、细致、全面的活动安排中，我们获益匪浅。在此，我再次感谢你们为我们提供的一切帮助。

我希望××主任和其他朋友能到我市访问，以便让我们得到一个作为东道主感谢你们款待的机会。

我深信，这次访问将促进今后我们之间更多的互访。

现在我提议：

为我们之间的友谊……为在座所有女士们、先生们、朋友们的健康，为……

干杯！

第六节　简介

一、简介的含义、种类和特点

简介,是指向公众简要介绍有关人物或事物的基本情况和特点的文书。

按照被介绍对象的性质,简介可以分为人物简介、机构简介、名胜简介、产品简介、书刊简介等。

简介的特点是简明性、概括性等。

(一) 简明性

简介要通过多种媒体、各种渠道发布,要求篇幅简短,意义明确。通过简介,人们可以了解被介绍对象的基本情况、大致轮廓。要抓住有关人或事物的基本情况和主要特点,进行简要介绍,给人留下深刻的印象。

(二) 概括性

简介对人物或事物的介绍,要有较高的概括性。详细、具体、面面俱到的介绍,既不必要,也不可能。要使用概括的语言,抓住人和事物的特点,对介绍对象进行概要介绍。

二、简介的写作

结构包括标题、正文和落款等。

(一) 标题

一般由被介绍对象+文种构成,例如《避暑山庄简介》。

（二）正文

1. 开头

简要介绍被介绍对象的概况。人物简介交代人物的姓名、性别、出生年月、籍贯、学历、职务、职称、政治面貌等。机构简介交代机构的由来、所属、成立背景等。名胜简介交代名胜古迹的地理位置、所处环境、外貌特征、文物级别等。产品简介交代产品的生产厂家、由来、型号等。书刊简介交代书刊的由来、出版或创刊人、出版或创刊时间等。

2. 主体

主要介绍被介绍对象的基本情况和主要特点。常见的有：

（1）人物简介

介绍人物的主要经历和事迹及其在活动中所起的作用等。

（2）机构简介

介绍机构的工作性质、业务范围、组织机构、历史沿革、发展前景等。

（3）名胜简介

介绍名胜古迹的景观特色、历史风貌、文物价值以及有关的传说、故事、人物等。

（4）产品简介

介绍产品的外形、构造、成分、性能、特点、用途等。

（5）书刊简介

介绍书刊的出版宗旨、主要特色、栏目设置、读者对象、投稿方法等。

各种简介要根据不同的对象，按照相应的顺序和方法进行介绍。内容要真实，文字要准确。要抓住特征，重点介绍。

3. 结尾

对被介绍对象进行小结。或作出评价，或表示欢迎，或展望未来，或表达希望，或公布价格，或说明订购方法等。

（三）落款

写明详细地址、邮政编码、电话号码等。

【例文】

××公司简介

××公司总部位于中国的历史名城××，占地面积×平方米（×亩）。公司风景优美，空气清新，非常适合工作和生活。

××公司是一家××企业，资产主要来自××。××公司主要生产经营与××相关的产品，共×类×种，除了拳头产品××以外，还有××、××等主要产品以及××配件等产品。其中，××产品的××技术处于国内领先水平，国内市场占有率高。

××公司创建于×年，初名××，主要生产经营×类产品，初创时职工×人，固定资产×元，年产值×元。×年，××公司与××公司合并，主要生产经营×类产品。×年改为现名，主要生产经营与××相关的产品。20××年，公司工业总产值×元，上缴利税×元，人均国民生产总值×元，职工人均收入×元。

　　××公司总部有××部、××部、××部等×个部。公司共有×家分公司，分别设置在全国×个省、自治区和直辖市，业务范围覆盖全国并且延伸到海外。公司还与××国、××国等×个国家和地区建立了业务联系。公司管理严格，不让不符合条件的人员上岗，不让不符合质量的产品出厂。公司技术力量雄厚，近×年来，共获得国家专利×项，其中×项已经被应用并且取得了好的效益。公司注重职工素质的提高，近×年来，共培训职工×人次。

　　如今，××公司是一家集研发、制造、销售于一身的现代企业。长期以来，公司以服务市场需要为宗旨，以满足客户需求为己任，大胆开拓，积极创新。爱国、奉献的良好传统和严谨、创新的优良作风在这里生生不息、代代相传。近×年来，公司每年投入利润的×%作为研发经费，创新技术。×年来，公司为国家提供了大量的技术和产品，为国家的建设、社会的发展作出了较大的贡献，发挥了自己独特的作用。公司共获得国家级、省部级先进企业、优秀企业称号×次，优质产品称号×种，驰名商标×种。

　　在新时代，××公司将继承和发扬自己一贯的优良传统和作风，以饱满昂扬的精神、积极进取的态度、开拓创新的意识，继续书写光辉的篇章。

　　地址：××省××市××区××路××号××号楼××室
　　邮编：××××××
　　电话：(0××) ×××××××××

第七节 海报

一、海报的含义和特点

海报，是指向公众传达、介绍有关电影、戏剧、文艺表演、体育活动、报告会、展览会等信息的文书。

海报的名称最早起源于上海。旧时，人们常常把职业性的戏剧表演界称为"海"，从事职业性的戏剧表演称为"下海"。作为剧目演出信息的张贴物，就被称为"海报"。现在的海报，使用范围更加广泛，除了纸张张贴以外，还可以通过报纸、广播、电视等媒体发布。

海报具有群众性的特点。海报是向公众公开而广泛地传播有关电影、戏剧、文艺表演、体育活动、报告会、展览会等信息的文书，因此要在短暂的时间内让尽可能多的群众知道并且参与海报所报道的活动。海报常常在固定的公众场合张贴，或通过媒体发布。为了吸引更多的人注意，海报的设计讲究标题醒目、布局新颖、图文并茂、色彩鲜艳。

二、海报的写作

结构包括标题、正文和落款等。

（一）标题

1. 只写文种《海报》。

2. 直接写事由（活动内容），例如《学术讲座》《球讯》《舞会》

《文艺晚会》。

3. 由举办单位+事由构成，例如《××公司产品创新讲座》。

4. 由正题+副题构成。正题点明主题，副题概括目的、意义，说明活动宗旨、精彩内容，渲染气氛。例如《专题音乐会——梁祝》。

（二）正文

交代清楚活动的时间、地点、内容、参加方式、注意事项等。

内容必须真实，与题目相符。可以适当运用鼓动性的词语，但是不能失实。文字力求简明，干脆利落。条目要清楚。可以分条列举。可以根据内容配上美术图案，构图和色彩要醒目、简洁，具有时代气息和装饰美。

（三）落款

写明举办单位和举办日期。这些信息如果在上文已经出现，这里就不需要写出。

【例文】

大型××剧
×××

时　间：×月×日至×月×日晚上7：00

地　点：××剧院

订票途径：

1. 网站（www.×××.com）下方扫描二维码

2. 微信公众号：×××

3. 热线电话：×××××××

球讯

今天下午2：00，我公司篮球队与××公司篮球队将在本公司球场进行友谊比赛，欢迎大家届时观看加油。

××公司工会

×月×日

海报

为了进一步推动职工科技创新活动的开展，本公司科技处将邀请著名科学家×××教授来本公司作"如何从事科技创新"的主题报告，请各位职工出席。

时　间：下午2：00

地　点：×号楼×室

××公司科技处

×年×月×日

第八节 启事

一、启事的含义和特点

启事，是指国家机关、社会团体、企事业单位或个人向公众说明事实情况并且希望公众协助办理的文书。

启事的特点是求助性。请求协助办理有关事宜是启事的目的所在。启事在把事实情况向公众进行说明的基础上，请求公众给予协助、配合。但是启事不具有强制性和约束力，对于启事中提出的请求，公众可以协助办理，也可以不予理睬。

二、启事的种类

根据目的的不同，启事可以分为三类：征招类启事、寻找类启事和提醒类启事。

（一）征招类启事

征招类启事是向公众征招有关的人或物的启事，例如征稿、征订、征友、征婚、招生、招聘、招商等启事。

（二）寻找类启事

寻找类启事是向公众寻找有关的人或物的启事，例如寻人、寻物、招领等启事。

（三）提醒类启事

提醒类启事是提醒公众注意有关事项的启事，例如开业、停业、更正、更名、庆典、迁移等启事。

三、启事的写作

结构包括标题、正文和落款等。

(一) 标题

1. 只写文种《启事》。

2. 在文种"启事"前面加上修饰性词语, 例如《重要启事》《紧急启事》。

3. 直接写明事由, 例如《寻人》《诚聘英才》《××强化班招生》。

4. 由事由+文种构成, 例如《寻物启事》《招聘启事》。

5. 由单位+事由+文种构成, 例如《×××公司招聘××启事》。

(二) 正文

说明发布启事的目的、意义、原因, 启事的内容、形式、要求, 以及联系方式等。要根据启事的不同类型决定内容的侧重和详略。

常见启事的写法是:

(1) 征稿启事

写明稿件范围、内容要求、格式要求、字数限制、付酬方法、投稿方法等。

(2) 征订启事

写明图书报刊的性质、宗旨、内容特色、栏目设置、读者对象、价格、征订方法等。

(3) 征婚启事

写明征婚者的年龄、性别、籍贯、身高、体重、婚姻状况、家庭状况、经济状况以及对应征者的要求等。

(4) 招聘启事

写明招聘目的、招聘对象、招聘条件、福利待遇、应聘办法等。

(5) 招生启事

写明招生的目的、类别、名额，报名的条件、时间、地点，联系地址、联系人姓名、联系方法等。

(6) 招领启事

写明所拾物品的时间、地点，物品名称，让失主什么时间、什么地点认领等，不能说明物品的数量、特征，以防被人冒领。

(7) 寻人启事

写明被寻者的姓名、性别、年龄，什么原因、什么时间、什么地点失踪，长相、体态、口音、服饰等特征，联系方式等，最好附上被寻者的照片。

(8) 寻物启事

写明丢失物品的时间、地点，物品的名称、规格、形状、质地、特征、记号、数量等。

(9) 迁移启事

写明迁移目的、迁移日期、迁往地址、电话号码等。

各种启事内容必须真实、准确、具体、明确，直截了当，简明扼要，通俗易懂，诚挚恳切。

(三) 落款

写明撰写启事的单位名称或个人姓名、撰写启事的日期。

【例文】

诚聘英才

　　××公司是经中国××部批准的一家××企业，因业务发展需要，经××区职业介绍所同意，特向社会公开招聘优秀人才，共创企业辉煌。

　　……

　　空运销售主管：1名

　　空运操作主管：1名

　　以上职位要求具有良好的英语听、说、读、写能力，熟练操作电脑，熟悉空运、海运进出口操作流程，有良好的沟通、协调能力，并具有一定的客户基础及两年以上相关工作经验。

　　报关员：×名

　　报关业务主管：1名

　　以上职位要求具有报关员资格证书，两年以上报关经验。

　　质检员：×名

　　质检主管：1名

　　以上职位要求具有质检员资格证书，两年以上质检经验。

　　……

　　法律顾问：×名

　　以上职位要求法律专业毕业，英语六级及以上，具有两年以上工作经验。

　　拟聘用的所有人员均需××及以上学历，×岁以下，本市常住户口，录用后实行劳动合同制。有意者请于×月×日前将个人简历、身份证复印件及近照1张寄至本公司人事部或将相关材料电子版发至本公司邮箱。资料恕不退回，恕不线下接待。

　　地址：××省××市××区××路××号××大厦

　　邮编：××××××

　　网址：www.×××.com

　　电话：(0××)××××××××

　　电子邮箱：×××××

　　微信公众号：×××

××公司人事部
×年×月×日

寻物启事

　　本人不慎丢失钥匙1串，有钥匙×把，其中×把为黄色，×把为白色。有知其下落者请通知本人或交给××部×××，必有重谢。

启事人　×××
×年×月×日

××公司××周年庆启事

本公司为庆祝成立××周年,×年×月×日特举行庆祝活动1天。热诚希望合作伙伴光临,并请互相转告。

流程:上午9时在公司大礼堂举行庆祝会

下午2时分部门举办交流会

晚上在公司大礼堂举行文艺晚会

地址:××市××路××号

邮编:××××××

联系人:×××　×××

电话:(0××)××××××××

电子邮箱:×××××

微信公众号:×××

××公司工会

×年×月×日

第九节 声明

一、声明的含义和特点

声明，是指国家机关、社会团体、企事业单位或个人为维护自身权益就某一重要问题或重要事件公开向公众表明立场、观点、态度或发表主张的文书。

声明的特点是周知性。声明将有关重要问题、重要事件公开告诉公众，同时表明立场、观点、态度或发表主张，但是一般不对公众提出什么要求，目的只是让公众知道情况。

二、声明的种类

按照使用范围的不同，声明可以分为政务类声明和事务类声明。

（一）政务类声明

政务类声明是国家机关、社会团体、企事业单位及其领导人抗议、驳斥对方或澄清事实，以及就政务方面的有关重要问题或重要事件发表的声明。

（二）事务类声明

事务类声明是单位或个人就有关事务方面的问题或事件发表的声明，例如遗失空白转账支票、身份证声明作废等。

三、声明的写作

结构包括标题、正文和落款等。

（一）标题

1. 只写文种《声明》。

2. 在文种"声明"前面加上修饰性词语, 例如《重要声明》《郑重声明》。

3. 由事由+文种构成, 例如《遗失声明》。

4. 由单位+事由+文种构成, 例如《××公司总经理授权法律顾问××律师发表郑重声明》。

(二) 正文

首先简要交代某一重要问题或重要事件的真实情况以让公众知晓, 然后就有关问题或事件公开向公众表明立场、观点、态度或发表主张, 最后提出为制止问题或事件继续发展而将采取的措施、办法。事实要确凿, 是非要分明, 态度要鲜明, 语言要准确。

(三) 落款

写明发表声明的单位名称或个人姓名、发表声明的日期。

【例文】

××汽车公司董事长×××授权
公司法律顾问×××律师发表郑重声明

近来, 我们发现用不是我公司生产的零部(散)件拼装汽车, 假冒××牌商标在市场上出售; 另有少数单位和个人冒充我公司人员, 在外招揽加工、维修汽车业务。这些行为不仅损害了广大客户的经济利益, 而且严重损害了我公司的良好信誉。

对有上述侵权行为的企业和个人，我公司除了将依法追究法律责任以外，还恳请各客户注意：我公司生产的××牌汽车系列产品，产地在××省××市，并附有特制的盖有××汽车公司检验科成品验收合格章的产品合格证，凡我公司销售和维修服务人员在外进行工作时，都持有法定代表人发给并贴有照片的授权委托书。

××汽车公司　董事长　×××

法律顾问　×××

×年×月×日

遗失声明

我处不慎遗失空白转账支票一本，号码为×至×共计×张，印有我公司财务处业务专用章。特此声明作废。

××公司财务处

×年×月×日

参考文献

[1] 洪威雷,王颖.应用文写作学新论[M].武汉:武汉大学出版社,2001.

[2] 范增友.应用写作[M].长春:东北师范大学出版社,2005.

[3] 范瑞雪,贺鸿凤,刘召明.新编应用文写作[M].北京:经济科学出版社,2001.

[4] 江少川.实用写作教程[M].武汉:华中师范大学出版社,2006.

[5] 徐中玉.新编大学写作[M].上海:复旦大学出版社,2004.

[6] 汪祥云,蒋瑞松.应用文写作[M].上海:上海交通大学出版社,2000.

[7] 吴仁援,刘美真.大学应用写作[M].上海:上海大学出版社,2000.

[8] 张家恕,郑敬东,林心怡.新编应用写作[M].重庆:重庆大学出版社,2001.

[9] 张邀辉.大学应用写作[M].上海:上海交通大学出版社,2001.

[10] 毕耕.现代应用写作[M].武汉:武汉大学出版社,2003.

[11] 陈世秀.最新应用文写作[M].长沙:湖南大学出版社,2001.

[12] 程学兰.大学实用写作[M].武汉:武汉大学出版社,2002.

图书在版编目（CIP）数据

职场写作指南 / 郝立新编著 . -- 上海 : 上海文化
出版社 , 2019.8
　ISBN 978-7-5535-1594-6

Ⅰ . ①职… Ⅱ . ①郝… Ⅲ . ①汉语－应用文－写作－
指南 Ⅳ . ① H152.3-62

中国版本图书馆 CIP 数据核字 (2019) 第 149550 号

职场写作指南
郝立新 编著

责任编辑：蒋逸征
装帧设计：王怡君

出　　版：上海文化出版社　　上海咬文嚼字文化传播有限公司
地　　址：上海绍兴路 7 号 2 楼
邮　　编：200020
发　　行：上海文艺出版社发行中心发行　　上海市绍兴路 50 号
印　　刷：上海春秋印刷厂
规　　格：890×1240　1/32
印　　张：6.75
版　　次：2019 年 9 月第 1 版　2019 年 9 月第 1 次印刷
书　　号：ISBN 978-7-5535-1594-6/H.029
定　　价：32.00 元

告读者：如发现本书有印刷质量问题请与印刷厂质量科联系
电　　话：021-33854186